○零牌木元塾经营管理书系○

木元哲　祖林　/著

卓越企业的经营哲学

SPM
南方出版传媒
广东经济出版社
·广州·

图书在版编目（CIP）数据

卓越企业的经营哲学 / 木元哲，祖林著. —广州:广东经济出版社，2017.8
ISBN 978-7-5454-5623-3

Ⅰ.①卓… Ⅱ.①木… ②祖… Ⅲ.①企业经营管理-研究 Ⅳ.①F272.3

中国版本图书馆CIP数据核字（2017）第173129号

出 版 人：姚丹林
责任编辑：甘雪峰　易　伦
责任技编：许伟斌
装帧设计：柏拉图

卓越企业的经营哲学
ZHUOYUE QIYE DE JINGYING ZHEXUE

出版发行	广东经济出版社（广州市环市东路水荫路11号11~12楼）
经销	全国新华书店
印刷	北京盛兰兄弟印刷装订有限公司（北京市大兴区黄鹅路西临89号）
开本	710毫米×1000毫米　1/16
印张	14.75
字数	201 000
版次	2017年8月第1版
印次	2017年8月第1次
书号	ISBN 978-7-5454-5623-3
定价	49.80元

如发现印装质量问题，影响阅读，请与承印厂联系调换。

广东经济出版社常年法律顾问：何剑桥律师

卓越企业的经营哲学
CONTENTS

02

第二章

小微品牌的信用力沉淀

行动差异化创造兑现性记忆

03

第三章

逆算营销：营销就是经营

企业战略性营销体系建设

04

第四章

企业经营创新

优化收入结构，肩负企业未来

05

第五章

事业部制：企业组织变革

创建全员自主经营体

代序

木元哲先生的中国情怀

屈指算来，我与木元哲先生的个人缘分已经21年，木元哲先生与中国的跨国情缘已经36年。2015年6月14日，零牌木元塾在广州创立，从我与木元哲先生、木元哲先生与中国，以及木元哲先生与零牌木元塾三个方面，我们共同见证了中日民间友谊。

我与木元哲先生

○幸遇木元哲

1996年，木元哲先生被松下总部从日本派来广州，担任松下万宝（广州）空调器有限公司和松下万宝（广州）压缩机有限公司（以下简称“广州松下”）总经理，当时我在压缩机公司工作，因为得到主任工程师林出正好先生的栽培，虽然是一介主管，却负责整个工厂的安全管理事务，可以参加每个月一次的公司安全委员会会议，近距离接触到木元哲先生，有时候还在会后一起进行现场安全巡查，接受木元哲先生的亲言教诲。

那时的我朝气蓬勃、善于思考、勤于实践，管理认知逐步建立，在实践中创造着成绩，积累着经验，也开始在管理方式和团队建设上有一些创意。我用一年时间从主管晋升为经理（课长）。

○零牌起源

1998 年 9 月，部门内刊《ZERO 组立课工作通讯》（以下简称ZERO）创立，标志着我们开始了深度的管理思考和管理实践。当时，诸多工作报道、管理小文章和来自一线员工的诗情画意，通过ZERO这个文化载体传播开来，每月一期的ZERO成为所有员工的期待。这期间，我们向公司经理级以上干部赠阅刊物，包括总经理，还得到过木元哲先生的口头赞扬。ZERO成为零牌顾问机构（ZERO Consulting）的起源。

○经营启蒙与木元塾雏形

1999 年春天，木元哲先生在美国通用电气（以下简称GE）大学短期专职学习 3 个月。从美国归来，他结合广州松下本地化干部培养的需要，设立统括课长（相当于“部长”或“总监”）一职，作为未来高层干部的预备梯队。在当时，广州松下副部长级以上的干部都是由松下和万宝委派，这个“天花板”限制了外聘员工的发展空间，木元哲先生决定进行改革，为未来突破这一限制创造条件。但是，升任统括课长一职有严格要求，不但要有出色的业绩、优质的潜能，还要接受木元哲先生亲自执教的、为期一年的经营实践研修，最后通过报告发表、董事会面试通过才能晋升。

非常幸运，我被选拔为统括课长的七名候选人之一，开启了人生最重要的一段经历。在一年的教学中，木元哲先生把他在美国学到的全球最新经营知识传授给七位干部，包括供应链管理（SCM）理论、六西格玛、经营财务和领导力等，并结合广州松下的经营现状展开讨论。一年的经营研修，似乎为学员们打开了一扇新窗，开启了大家的经营思维，让我们看到了企业经营的广阔世界。只为七个人讲学，深度讨论、现场实践与工作总结交融进行，广州松下的经营实践研修——冥冥之中，也许就是“零牌木元塾”的起源吧。

在年近三十的关键阶段，我接受了木元哲先生的经营启蒙，成为最终晋升高管的四名弟子之一，并以《抓住机遇、锐意改革，提高员工和顾客满意度》的研修报告获得研修结业第一名。这篇报告的内容提要是这样写的：“推出松下·万宝自有品牌ZERO，建立新的价值评价体系，将核心员工的薪酬提高到同行业最高水平的80%，完善激励机制，提高核心员工对企业的忠诚度，这是本文对公司中期发展计划的几点建议。”从那时起，我开始对经营、品牌和战略有了模糊的认识。“零牌（ZERO）”的品牌创立就是从那个时候萌芽的。

1999年，中国空调行业价格大战时，木元哲先生右手贴心脏庄严宣告“松下空调不降价”——这个广告成功地赢得了目标客户群的信任，“松下空调安心价”成为家电业混战时松下逆市上扬的一道风景。就是在这样的大环境中，七弟子接受着木元哲先生的经营教诲，在市场历练中汲取智慧。

○告别松下，告别木元哲

2000 年，得到木元哲先生的推荐和领导层的信任，我负责第三期技改工程、筹建广州松下第二工厂，被派往美国出差和短期工作，要把位于北卡罗来纳州的松下压缩机工厂关停，将其产能转移至广州。也就是在这个时候，木元哲先生的 4 年任期届满，结束了在广州的总经理生涯返回日本。2001 年 5 月，我辞职离开广州松下，创办“零牌专家组（ZERO Program）”，也就是零牌顾问机构的前身。我与木元哲先生的第一段情缘宣告结束，这一别就是 12 年。

○再续前缘

2013 年 11 月，我正带团在日本进行全球跨界学习，途中接到已经退休的广州松下第二任工场长水田晴夫先生的电话，说木元哲先生要见我，这令我大感意外。回到广州后，我和木元哲先生得以相见，原来他要把我介绍给顺德的一家港资企业，帮助他们推进组织变革。中断了 12 年的情谊有缘再续。2015 年 5 月，木元哲先生全职加入零牌顾问机构。至今，我和木元哲先生的个人情缘已经 21 年。

木元哲先生是我的经营启蒙导师。中国实践，日本、美国和马来西亚短期工作、研修和国际技术交流，在松下电器得到的职业历练和经营熏陶，奠定了我的人生眼界和思考格局。16 年的职业顾问和大学教学沉淀，也成就了零牌顾问机构理论与实践交融创新的跨界特色。这一切，都源于木元哲先生对我的经营启蒙。21 年渊源成就的这一段异国情缘，更见证了中日两国纯洁无瑕的民间友谊。

木元哲先生与中国

○血缘中国

木元哲先生与中国的渊源可谓久远。木元哲先生的母亲是中国台湾人，其祖先 200 多年前从福建移居到台湾。1980 年，年仅 30 岁的木元哲先生因为略懂中文，被选派进入松下中国访问团，陪同松下幸之助先生访问中国，这是松下幸之助先生在邓小平先生 1978 年访问日本松下总部之后受邀第二次访问中国，并拜见邓小平先生，木元哲先生与中国的直接互动从此开启。

○全球市场，中国耕耘

1992 年，在美国工作 6 年的木元哲先生回到日本总部，开始主管松下空调的全球市场。他对中国市场的认知也由此前的接触、分析转为理解及耕耘。1996 年，他赴中国本土担任广州松下总经理。甫一上任，木元哲先生就发现松下压缩机公司的销售顺利、利润可观，而松下空调器公司则是销售乏力、流通库存多，一直亏损。作为新任总经理，木元哲先生意识到自己的任务就是空调销售的正常化。1996 年—2000 年，4 年时间，木元哲先生大刀阔斧进行经营改革，成功实现了国际化企业的本土化经营，把广州公司打造成了松下全球最大的制造基地，为松下全球经营做出了重要贡献。

○中国耕耘，全球经营

2000年，木元哲先生升任松下电器空调事业部部长，负责松下空调的全球经营。此时，中国已经是全球最大的空调市场和最大的空调制造国。木元哲先生承担着松下传统产业的变革使命，他充分运用松下V产品制度，在事业部中创造了从客户角度思考的体制，成功推出了有氧气的空调、自动清扫过滤网的空调等行业内的首创产品，使松下空调在全球市场，尤其在高端市场维持了良好的经营业绩。

○掌舵松下中国事业

2004年，木元哲先生从诸多候选人当中脱颖而出，升任松下电器（中国）总裁，开始掌舵松下电器的中国区事业。木元哲先生主持松下电器（中国）期间，正是松下电器完成“创生21”的全球重组整合、中国成为松下全球发展的引擎之时，他披荆斩棘、锐意改革，通过投资结构调整、流程再造、全面降成本活动，用了3年时间使松下电器（中国）的营业收入净增300亿元，从2004年的400多亿元规模提升到2007年的700多亿元，其营收结构也从家用电器为主调整为电子元器件占半壁江山。松下电器（中国）的销售和利润增长，有效地支撑了松下电器的“跃进21计划”。

作为全球最重要的成长性市场，中国市场及其增长对松下的经营业绩举足轻重。木元哲先生凭借其对中国文化的理解、对中国市场的研究和国际化经营的经验，稳步将松下电器的中国战略扎实落地。木元哲先生以“烹小鲜”般的艺术和骄人的业绩，为自己的职业生涯画上了圆满的句号。

○不了中国缘

2013 年，年届退休却被返聘两年的木元哲先生真正卸下 38 年职业生涯重担，但出于对中国的热爱，他欣然接受日本一桥大学，也就是木元哲先生的母校聘请，担任中国交流中心顾问，以实际工作促进日本和中国之间的教育和文化交流。这真是刚迈出中国，转个身，又迈进中国。这就是木元哲先生的中国心。

木元哲先生深谙中国文化。其实，早在担任松下电器（中国）总裁期间，木元哲先生就萌生出回馈中国的愿望，他曾经为北京工业大学在校学子做过“环境公害和企业的责任”公益讲座，他热心于中国的进步事业，通过中日友好协会、利用各种途径为中国的国家发展和社会进步提供日本经验。

退休后的木元哲先生有充足的时间，但他已经习惯了工作，习惯了思考，习惯了总结。

“我不能就这么闲下来，不然会得老年痴呆症的。”每每谈及涉足咨询培训的初衷，木元哲先生总是这样半开玩笑半认真地回答。

○中国热爱

2014年7月8日，木元哲先生在日本接待燕山钢铁CLP“精益炼钢”研修班，为企业干部分享《松下电器的经营品质实践》。2015年3月10日，木元哲先生在日本接待零牌顾问机构CLP“国际化视野与经营思维”研修班学员，带领这群来自中国的年轻人走进具有400多年历史的日本私家庭园——京都二条苑，感受“洛都”的中国传统文化并与大家餐叙。2015年4月1日，木元哲先生在日本为劳卡家具CLP“战略性营销与一体化作战”研修班学员授课，并带领大家参观松下生活馆，分享松下电器的专卖店经营理念。2014年8月16日，受中山大学岭南学院的邀请，木元哲先生与500多名中国企业家和高层管理者直面互动，以《日本产业转型30年成败分析》为题目，共同探讨中国企业的转型之路。2015年4月17日，受华南理工大学工商管理学院的邀请，木元哲先生为400多位中国企业家和职业经理人分享《日本300年以上企业兴衰启示》，共同探讨中国企业传承和可持续发展的现实命题；4月19日至20日，木元哲先生与我联袂为近40位中国企业家及职业经理人主讲“逆算营销·营销就是经营”课程；5月25日，“逆算营销·营销就是经营”课程走进广东炼钢和得祥泰投资；5月27日，“逆算营销·营销就是经营”课程走进广亚铝材。2015年6月14日，零牌木元塾开塾……

○晚年中国情

总之，木元哲先生是刹不住车了，他的晚年正在奉献给中国，奉献给中国企业。退休后的中国缘，使木元哲先生与诸多中国企业家深度交流、全面研讨：燕山钢铁执行董事崔庆源、总经理张维臣，北京载歌服饰董事长李梅、总经理汪谏奕，劳卡家具董事长吴建荣，绿宝石股份董事长刘泳澎，广州丽高副总经理、二代经营者黄筧晴……木元哲先生更加全面而深入地了解了中国企业家及企业的处境，理解了中国企业家在这个时代的所思所虑，从而能够为中国企业的良性发展提供宝贵建议。

从 2014 年春天至今，木元哲先生为中国企业策划和提供了一系列具有战略思考和现实意义的高端主题讲座和日本主题研修。木元哲先生以其对中国文化的精深造诣、世界级的经营能力和 20 多年中国市场实践造就的独到思维，受到中国企业家的热烈追崇，造就了一大批“木粉”。

○晚年中国义

“吃肉，喝酒，与中国员工快乐工作；辅助中国企业面对经营困境、思考创新之道；帮助塾友企业寻找日本专家、拓展国际市场；无私分享经营智慧，忘我指引企业内功修炼；素直之心，启智思维。

“我的经验和成绩是中国的市场、客户、消费者、同行和员工给的，在我退休之后，我希望回馈中国，为中国企业发展尽绵薄之力。”这是木元哲先生在零牌木元塾的真诚表示。

木元哲先生的中国情怀，此心可鉴。

木元哲先生与零牌木元塾

○创意

2015年4月19日，在木元哲先生讲授“逆算营销·营销就是经营”的第一次课间休息时，我和赵雅君老师几乎不约而同地萌发了聘请木元哲先生为中国企业家开办经营塾的灵感，这个创意令我们兴奋不已，几乎是不假思索地征求木元哲先生和在场企业家的意见。

“我……可以吗？”木元哲先生一贯地迟疑，显然，这大大出乎他的意料。在听取了我们的简要说明之后，木元哲先生欣然接受了我们的建议，却表示压力非常大。

几乎在同时，开办经营塾的创意得到了企业家们的热烈响应。劳卡家具董事长吴建荣先生、绿宝石股份董事长刘泳澎先生和载歌服饰总经理汪谏奕先生明确表示将入塾学习，这给了我们很大的信心。

○开办

一系列的筹备工作展开了。经营塾名称、塾旗、整体策划、教学设计、招生简章、塾学地点……5月25日，听说零牌顾问机构要创办经营塾，得祥泰投资董事长许财先生立即表示要赞助开塾的塾学场地；载歌服饰董事长李梅女士亲自为开塾设计纪念品——洋溢着国学色彩的入塾羊皮卷；华南理工大学工商管理学院毛晶老师协助我们设计、准备一系列教学物料……

零牌团队就是这么高效率，55 天时间，零牌木元塾横空出世，于 2016 年 6 月 14 日在南海华美达酒店隆重开塾。五名创塾塾友携事业伙伴及南西象董事长刘亚琴女士等多位企业家参加了开塾研修，创塾塾友刘泳澎先生特别向零牌木元塾和木元哲塾长赠送了饱含中国文化、手工雕刻着“零牌木元塾”徽标的肇庆名砚——端砚。

零牌木元塾开启了木元哲先生的中国新航程。

○初衷

其实，开办经营塾的心愿早已有之，也许是受松下电器的影响吧。最早创办经营塾的是松下幸之助先生，松下 PHP 研究所、松下政经塾和松下商学院，为日本产业界和政界培养了数千位政界和商界的精英；广州松下七弟子接受木元哲先生的经营训练，也在我的职业生涯中埋下了开办经营塾的种子。当前活跃在日本和世界各地的盛和塾，其创办也是受到松下幸之助先生的影响，不过盛和塾在日本以外的活动已经无法实现小范围深度私塾教学的效果，更大程度上是联谊性的群体活动。

2011 年，零牌顾问机构在辅导鸿智电器推进精益革新时，我就和鸿智电器董事长游进先生讨论过创办经营塾的话题。

为什么要办经营塾呢？立足长期发展、系统思考、深度研讨，帮助企业实现可持续发展是出发点。16 年职业顾问和培训的经历使我们意识到，在剧烈变革的后经济“危”“机”时代，中国企业和中国企业家显然不缺知识，而是缺乏在发展过程中突破发展瓶颈的组织变革能力。

抛弃急功近利的短期追求，从历史纵深和全球视野、以历史回顾和未来思考兼具的眼光，修身养性、内外兼修，运筹帷幄，放眼百年，帮助中国企业家推进组织变革、实现可持续发展，践行实业报国的历史使命。

作为中国首个也是目前唯一一个由国际经营大师专门为中国企业家开设、亲自授学的经营塾，我们旨在培养具有国际化视野和经营能力的新锐企业家，每期限额十名、每个月闭门塾学两天、每年一次海外学习，领袖养成，小范围深度研修——这在形体上确保了经营塾的“私塾”本义。

○为什么是日本?

我们深知，在企业经营的全球竞技场，“长寿”是企业获胜的唯一标准。日本是东西文化交汇之地，中国国学光大之所。韩国银行 2008 年 5 月 14 日发表的《日本企业长寿的秘密及启示》报告书称，日本拥有 3146 家历史超过 200 年的企业，为全球最多，更有 7 家企业历史超过了 1000 年。排在世界最古老企业前三位的都是日本企业。

一个企业经历百年以上的岁月，会面临多少次艰难的选择？会遭受多少次凛冽的寒风吹打？要忍耐多少个酷暑的烈日烘烤？战乱、灾荒、瘟疫、萧条……都能让企业陷入险境。它们能奇迹般地存活下来，可以断定，靠的不是幸运，而是生命力。明治维新以来的日本企业实践，更值得同为东方文化熏陶的中国企业借鉴。

“中国国学在现代企业经营的成功实践在日本。”木元哲先生说。闻名于世的关西商法——“奉公、分限、体面、始末、才觉、算用”，这些连中国人都无以道明的词汇，既包含了经营哲学，又融入了佛家、儒家的价值观，经历战争、政变各个时代，传承下来，影响了松下幸之助、稻盛和夫、永守重信等近现代日本企业家。

○为什么是木元哲？

因为木元哲先生有才、有情、有缘。

木元哲先生是国际经营大师、日本产业界的资深人士，一生奉献给松下电器全球事业，其职业生涯足迹遍布美洲、亚洲和欧洲，见证了松下电器40年企业经营折射出的日本产业变迁史。木元哲先生长期负责松下电器的全球家电经营，对中国企业崛起和日本产业变迁有切肤体验和深入研究。

关键是，这位大师级的人物有中国情、中国心。木元哲先生深谙中国文化，退休后深入进行中日企业比较研究，全身心投入中日民间交流和中日跨界学习，目前担任日本一桥大学中国交流中心顾问。

我与木元哲先生有21年的渊源，木元哲先生与零牌顾问机构似乎是天作之合，零牌木元塾也就在冥冥之中注定会瓜熟蒂落般诞生。2015年5月，零牌顾问机构向木元哲先生正式颁发聘书，木元哲先生成为零牌顾问机构的国际导师、特聘教授、零牌木元塾塾长，开启了又一段中国缘。

〇考验

成功开塾固然使人欣喜，能否持续塾学研修，真正帮助塾友企业启智续业才是关键。

我们教塾友企业经营，当然首先要把零牌木元塾经营好。就是抱持这样战战兢兢、如履薄冰的危机感，我们的团队和木元哲塾长精心策划、高效率组织、高质量教学，因应塾友企业的实际状况，推出了诸多教学创新和增值服务，从主题设定、案例选择、互动设计、现场交流和团队融入等方面，木元哲塾长带领零牌团队真可谓竭尽全力、无私忘我，他的敬业精神、专业水准和素直之心，感染着每一位塾友，也感动着每一位参与者。

在第二次塾学研修结束时，看到塾友们意犹未尽、依依不舍的告别情景，我们心中才略显踏实，这说明我们的策划和落地是符合大家的期望的。在番禺莲花山的塾学研修间隙，塾友们提出跨界交流的建议。从2015年8月起，零牌木元塾的塾学道场走进塾友企业所在地，开启了横向交流、相互借鉴的多维互动。

至今，零牌木元塾已经开办两期，塾学研修踏足佛山南海、广州番禺、花都、肇庆将军山和江苏连云港，首期七位创塾企业家和第二期六位企业家与木元哲塾长每个月两天私处，传道、授业、解惑，修炼全球竞争、基业长青的领袖之道，深度探讨企业的可持续发展战略与现实经营。也许是幸运，也许更多的是因为努力，每次塾学结束，塾友们都满载而归，期待下次再续前缘。

零牌木元塾承载的中日民间友谊

“感谢上帝把您的第二个春天托付与我们相处，期待零牌事业能增加您的生活色彩。”

“我也感谢上帝给了我这么优秀的学生，让我晚年有机会为中国再做点事儿。”

与木元哲先生的邮件对话，传达出跨越历史和国界的无私情怀。零牌木元塾承载的中日民间友谊，为中国企业迈向国际化经营的进程添上了绚丽的一笔。

响应塾友们的热切愿望，2016 年 5 月 23 日，为企业家培养左膀右臂的零牌木元塾“相融共生，光明繁盛”事业伙伴高级研修班在顺德举行开学典礼，学制一年。

如今，零牌木元塾第一期七位企业家已经结业出塾，塾友们都有一个强烈的愿望：希望和木元哲先生及零牌木元塾保持常态化互动，作为塾友和塾友企业的智囊服务机构。随之，零牌木元塾塾友会在大家的策划和参与中瓜熟蒂落、应运而生。

2016年7月27日，零牌木元塾第二期隆重开塾，这也意味着，零牌木元塾进入常态化、可持续的商业运营。第二期塾友们在2016年11月28日携事业伙伴和核心高管赴日本进行为期6天的“企业经营创新”跨界学习。我在2014年春天的愿望——把木元哲先生的经营智慧撰写成文、结集出版——也即将实现，首本专著《卓越企业的经营哲学》即将付梓，心中无限感慨。

想了，就去做；做了，就成了。木元哲先生成就的零牌圆梦，给我们带来了新的人生体验。

在本文结束之际，我要代表全体塾友和零牌顾问机构全体同仁，以及聆听过木元哲先生经营教诲的众多中国产业人士，感谢木元哲先生的无私奉献和中国情怀，并致以崇高敬意和衷心祝福！

我还要感谢所有塾友对于零牌木元塾的支持和热爱，感谢华南理工大学工商管理学院许晓霞老师、谢菠兰老师和毛晶老师，感谢中外管理杂志社朱丽老师、现代班组杂志社应慧娟老师、华夏智库张杰老师和王欣老师，以及零牌顾问机构的合作伙伴安国胜先生、李建仲先生等。

智力兴企，产业报国。我们和木元哲先生携手，在路上……

祖林（零牌木元塾创塾同修导师）

01

第一章

技术进化中的企业竞争力构建

磨炼产品竞争力的经营

企业之间的竞争伴随的是国家之间的竞争，在市场经济的奥林匹克竞技场，“长寿”是企业获胜的唯一标准。

日本企业跌宕起伏的 70 年

第二次世界大战（以下简称“二战”）之后，日本企业的发展大致经历了五个时期：大战后黎明期（1945 年—1960 年），快速成长期（1960 年—1973 年），稳定成长和海外拓展时代（1973 年—1991 年），长期停滞时代（1991 年—2008 年）和新方向探索时代（2008 年— ）。

大战后黎明期（1945 年—1960 年）

二战结束后的日本很穷，百姓都是为生计而工作，大企业也少，战前那些巨无霸级的财阀企业被分解了，只有中小企业。

当时，日本企业的发展动力就是：为了吃饭，为了生存。其竞争力的来源是廉价劳动力和高度的模仿能力。

由于当时采用固定汇率，1 美元兑换 360 日元，这个汇率一直固定到 1970 年才被打破。1960 年，日本家庭的平均月收入为 47 000 日元，当时折合 130 美元。

当时日本企业的模仿能力很强，在日本首次生产上市的产品都是模仿美国的产品，比如，1956 年上市的、由松下电器生产的第一台空调就跟 GE 公司的空调一模一样。

当时没有品质管理的专门知识，主要依靠个人的经验。因此，这个阶段日本企业做出来的产品质量差，价格也很便宜。

快速成长期（1960 年—1973 年）

从 20 世纪 60 年代到 1973 年第一次全球石油危机爆发前，日本经济增长顺利，是高速发展的时代。这一时期，日本企业的发展原动力是憧憬富裕的生活，让孩子接受良好的教育。

20 世纪 60 年代，实施国民所得倍增计划，内容包括：10 年之内使国民收入翻倍，消除农业与非农业产业之间的差别，减少大企业和小企业的差别。所得倍增计划推动了日本产业结构的高级化，促进了国际贸易和技术创新，改善了城乡二元结构，最终大幅度提高了国民生活水平，实现了充分就业，使消费与经济增长进入良性循环。

1960 年，日本家庭的平均月收入为 47 000 日元，1970 年提高到 133 000 日元，1975 年为 281 000 日元，而到 1980 年则是 400 000 日元。20 年间家庭收入提高了 7 倍，日本国内市场的内需迅速扩大。

这个阶段，日本企业竞争力的源泉是人才——均质勤奋的人才和人才所具备的匠人气质。1950 年，美国学者戴明博士提出，日本的工业振兴应以较低的价格和较好的质量占领市场，戴明博士还亲赴日本指导企业用科学管理来改进质量。受此影响，日本企业逐渐形成了质量至上主义——质量在企业文化中扎根。日本由模仿美国产品开始走向改善和创新自己的产品。当时世界对日本产品的评价是：质量高，价格合理。日本产品在全世界获得了良好口碑。

稳定成长和海外拓展时代（1973 年—1991 年）

20 世纪 70 年代至 20 世纪 90 年代，日本企业的发展动力是“赶上美国、超越美国”。这期间，日元汇率升值，出口变得困难。为应对这种情况，日本企业陆续在海外设立工厂。此时，世界对日本产品的高度评价几乎上升到了神话般的水平。

相反，这一时期，美国的制造业却陷入了苦战。美国的代表产业——汽车行业，在丰田、本田和日产等日本企业的强大攻势下，纷纷败下阵来，陷入亏损境地。那个时代的象征，应该是日本丰田汽车与美国通用汽车合资的工厂，设立于美国加州的合资公司——NUUMI。NUUMI使用美国通用汽车提供的一处亏损的旧工厂，留用原来的美国员工，第二年就扭亏为盈。这件事震动了当时的美国产业界。从那时开始，大家熟悉的丰田生产方式，JIT（准时化生产）、精益生产等生产管理模式，为世界所认知，受到广泛关注。

那个时代，日本企业已经开始在海外建设工厂。针对进口关税高的国家，在其国内建立生产供应体系；针对日元升值，建立替代进口产品的生产基地。其结果就是，高附加值的产品在日本国内生产，而普及性产品则在海外工厂生产，以供应全球。这种做法，当时被称为“水平分工体制”。

那个时期，日本开发了很多全新产品推向市场。

长期停滞时代（1991年—2008年）

从20世纪90年代中后期至2000年代，可称为是日本经济的长期停滞时代，这个阶段被称为“失去的十年”，这个阶段与上一个阶段，即稳定成长和海外拓展时代有若干重叠。汇率的变动和国内市场成长的钝化是这个阶段的主要特征。

20世纪90年代前期，日元升值至1美元兑90日元，日本企业继续向海外转移。1993年前后，日本企业对新的投资地——中国的投资达到顶峰，松下在中国的企业有70%是在那个时期设立的，也就是在这个时候，出现了“日本空洞化”的争论。

进入2000年以后，1美元兑110～115日元，日元汇率相对稳定。此时，海外投资告一段落，为了防止尖端技术外流，日本企业普遍实行关键零部件在日本本土生产、成品在销售市场当地装配的垂直统筹方式。比如：液晶显示屏、汽车发动机、工程机械的液压装置。这些关键零部件都在日本集中生产，这一做法现在仍在持续。

将高水平的关键产品的开发制造作为日本的中心产业，把附加值低的零件组装放在海外进行，这就是所谓的“垂直统合体制”，这在今后还将是日本企业推进的主要方式——这是日本媒体和社会的共识。

与此同时，日本企业的研究开发也实现了国际化分工：基础研究和面向未来的研究开发在日本进行，而成品的设计开发则在海外进行。

新方向探索时代（2008年— ）

2008年，在北京奥运会结束后不久的11月，美国发生了雷曼兄弟证券公司破产的大事件。全球股市暴跌，陷入严重不景气。欧元区因过度举债而无法偿还，欧元评价下跌，因为没有值得信任的货币，人们纷纷卖出欧元和美元，买入日元，其结果是日元汇率高企，到2011年升至1美元兑80日元，日元异常升值造成日本国内经济萧条。

2013年，日本的经济政策见效，日元贬值到1美元兑120日元，这给日本的国内经济带来了起色。

当今的日本，企业普遍在寻求转型方向，热衷于开发崇尚环保、回归天然的产品。丰田的氢气动力轿车已于2015年上市销售；家庭用的燃料电池，其价格也控制在200万日元以下，进入了消费者可以购买的价格水平。

从模仿到改善再到创新，从为了生存到谋求发展，从立足国内到全球拓展，从追随美国到被中韩冲击……战后七十年，日本企业的发展跌宕起伏。

从日本企业战后经历的五大时期可以看出，企业的发展与国家的命运是息息相关的。微观经济是构成宏观经济的基础，宏观经济又直接影响微观经济。

从日本企业的成功历史看产品竞争力

市场经济环境中，以产品为中心开展经营是不二路径，赢得产品竞争至关重要，它是企业整个经营大厦得以建立的基础，也是企业持续经营的根本。企业竞争力的核心是产品。

从产品三要素看企业竞争力

产品是什么呢？是客户可以看得见的有形硬件吗？是单纯为了满足客户所需的使用功能吗？

从营销而非销售的角度来说，产品有三个要素：产品的内核、实质的产品和扩大的产品。

产品的内核是概念，这是产品的核心，是产品所承载的核心理念和价值。如智能手机，其内核是移动生活方式，是人与全球即时互动的生活状态。

而实质的产品是产品看得见的设计（外观、结构等）、样式（形态）、品牌、质量和包装，这是我们传统认知上的产品。

此外，客户因为购买产品所感知到的物流配送、交货周期（交付速度）、设置（安装调试），还有所接触到的相关人员是否亲切、谨慎、周到和快速反应，购买产品的支付条件、售后服务和质量保证，这些也会被客户下意识地归于产品——这就是扩大的产品，即伴随产品的附加机能。如果安装空调的人粗鲁无礼，客户并不会区分这是厂家的人还是与之合作的安装队伍，而是认为“这个牌子的空调不好”。

因此，基于产品竞争的经营模式，企业竞争力既包括技术竞争力、产品竞争力和营销竞争力，又包括质量竞争力和成本竞争力。其中前三项是核心竞争力，后两项是基础竞争力（见图 1.1）。

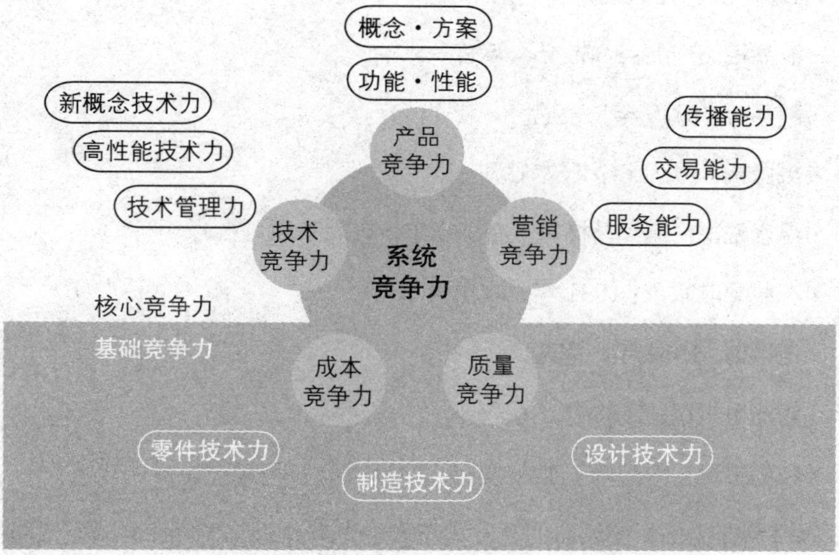

图 1.1 企业系统竞争力构建图

技术竞争力包括新概念技术力、高性能技术力和技术管理力；产品竞争力包括概念·方案能力和功能·性能能力；营销竞争力包括传播能力、交易能力和服务能力。

在基础竞争力方面，质量竞争力和成本竞争力是由设计技术力、零件技术力和制造技术力决定的。

由此可知，企业竞争力细分为两大类、五大模块、十一个方面，企业可以据此进行全面的自我评估，找出自己的强项和弱项，基于产品进化的S曲线规律（详见后文），进行前瞻性的技术创新和系统创新，苦干三到五年，才能真正把竞争力提升落到实处。

曾经引领企业发展的产品群——日本发明的革新产品

从20世纪50年代到21世纪初期，由日本企业制造、引领国际风潮的产品数不胜数，时至今日，其中很多产品大家都非常熟悉，比如：

· 分体式空调：1959年，松下。

· 液晶相关产品：1969年，夏普。

· 随身听：1979年，索尼。

· 摄像机：1980年，日本胜利。

· 温水洗净便座（马桶盖）：1980年，东陶（TOTO）。

· 车载导航系统：1981年，本田汽车。

· 电饭锅：1956年，东芝。

· 智能电饭锅：1988年，东芝。

· 数码相机：1979年，索尼发明；2001年，索尼量产。

以空调器为例，空调器的开发和销售最先起源于美国。那时的空调器都是一体机，或者放窗台上，或者嵌入墙壁。而日本的房屋多为独门独院（日本称为“一户建”），且墙壁较薄，因此日本企业开发出了适合日式家庭安装的分体式空调器。

随身听大家都知道吧，是一款随时随地都可以听音乐的文化产品。它的发明缘起是这样的：索尼的某位技术人员特别喜欢听音乐，某一天他就想：要是在上班的路上、坐在电车上也能听音乐该多好。于是，他就开发出随身听，原本是为自己在上班路上解闷的，没想到后来成了畅销全球的产品。

很多年轻人可能不知道，摄像机在上市之前是电视台的摄像师们专用的、必须扛在肩膀上的大家伙。20世纪80年代中期，索尼公司开始销售小型摄像机，尺寸像护照一样大。而如今的微型摄像机用一个手掌就可以包住，被称为“掌中宝”。

2015 年春节期间，“马桶盖事件”在中国被炒得沸沸扬扬。在日本广受中国游客热买的马桶盖（温水洗净便座）就是东陶在 1980 年上市销售的。

至于汽车导航，早在 1981 年，世界上最早的汽车导航系统就已经由本田公司发明了。当然，彼时的汽车导航与现在的汽车导航还是不一样的。

在中国游客中享有高人气的智能电饭锅（IH），也早在 1988 年就开始销售了；从 2001 年起，数码相机经由日本厂家在全球市场进行推广。

液晶技术成就夏普事业近 40 年辉煌

下面再看看从 1970 年代到 2000 年代前半段，以电子电器产品为中心的若干成功案例。首先是夏普。因为推出众多划时代的产品，夏普曾经被称为“一流企业”。

夏普公司创立于 1912 年，早期主要生产和销售由创业者早川德次发明的自动铅笔“Ever-Sharp Pencil”，意思是“不用削，可永保笔芯尖锐”，夏普商标即来源于此。

之后，夏普推出电器产品：1951 年生产出日本国内第一台电视机；1962 年日本第一台微波炉——夏普微波炉上市。由于拥有基础技术和开发技术，夏普逐渐受到社会关注。

1973 年，夏普首创液晶面板批量生产技术。液晶面板最初在电子计算器上使用，后逐步扩大到电视和空调遥控器，之后再拓展到手机、电脑、监视器、液晶电视等，液晶用途的多元化，使夏普的经营业绩急速扩大。

当时并不掌握显像管技术的夏普，在 20 世纪 90 年代积极推进电视机的液晶化。受这一趋势影响，2000 年后，全球电视机行业全面转产液晶电视。

初期，由于液晶电视的画面变换速度慢，图像有残留的感觉，生产彩色显像管电视的厂家对推进液晶电视并不积极。后来，液晶技术的进步解决了上述难题。液晶技术成为夏普发展的原动力。1984 年夏普的年销售收入上升到 10 000 亿日元，2002 年达到 18 000 亿日元，18 年间增长 0.8 倍；2008 年更增长到 34 000 亿日元，以 2002 年为基数，增长约 0.9 倍仅用了 6 年。

创新缔造昔日索尼帝国

1946 年，第二次世界大战结束的第二年，井深大和盛田昭夫设立了东京通信工业株式会社，这是索尼的前身。“让认真的技术者的技能得到最高度发挥，创建自由豁达、愉快工作的理想工厂”，这是索尼创业者的初衷。

1950 年生产出晶体管，1955 年推出便携式收音机、随身听、移动电视、手持式摄像机、PS 游戏机等，索尼是最早提出“破坏性创新产品”并据此连续成功的企业。

索尼早期并非在日本国内，而是在美国成为畅销品牌，之后再反向输入日本本土，这在当时是一种崭新的营销方式。

当时，消费者想去买其他品牌的产品，可是一进卖场，却买了索尼的产品，于是诞生了索尼神话。

1990 年以后，索尼进军电影和音乐等软件领域，以及电影机器、电脑和手机等硬件领域，索尼被认为是最接近“活用通信技术、提供新型服务”的品牌。

1995 年，在索尼社长（总经理）、日本音乐家大贺典雄卸任后，管理部门出身的出井伸之担任索尼第四代社长。以 1995 年出井伸之就任时的股票价格为基准，2000 年索尼迎来业绩顶峰，股价为 1995 年的 3 倍，达到每股 13 000 日元。

索尼被认为是持续创新的企业，同时也是多元化、高股价的企业。

松下二传手商法实现乌鸡变凤凰

松下电器的成功，是基于 20 世纪 60 年代家电产品全面普及时构建的全国销售网络。到 1980 年代，松下在日本约有 3 万家专卖店。

松下电器并没有索尼那样的创新能力。通过跟踪其他公司的产品动向，在短时间内形成相同产品的生产能力，进而通过全国的销售网络取得卓越经营绩效，这是松下电器能够获得成功的原因之一。在日语中输入“松下（まつした，Matsushita）电器”时，有人将其替换为“模仿（仿した，Maneshita）电器”，戏称松下电器是“逼真电器”“模仿电器”。

松下电器的跟踪策略被称为“二传手商法”，在后续发展中，松下电器活用自身的销售网络，一直保持最高的市场占有率，这是松下电器成功的关键。

松下电器成功的另一个原因，是被誉为“经营之神”的创业者松下幸之助。

从夏普、索尼和松下过去的成功轨迹可以看出，过去数十年日本企业的成功，都是基于创新带来的产品竞争力。

中国管理专家王明春先生说：本质上，产品是关于需求的技术解决方案，是企业提供给市场的价值。产品是技术与需求理解的集成性设计，其竞争力来自于产品内含的技术和对于需求的洞见。技术是产品竞争力的关键来源，但不是唯一来源，融入需求洞见的产品则更容易流行。

进化是亘古不变的规律：技术进化带来产品进化，产品进化要求企业进化。

在新一代技术出现时，原来所有的竞争优势都将清零，所有企业都将站在同一起跑线上开始新一轮竞争。不能适应进化的企业，必将走进市场经济的历史。

进化：从技术到产品再到企业

概念是产品的内核，技术是概念的源泉。随着技术的进化，产品也在进化。从产品的生命周期规律来看，一代产品终将步入历史，而这也将影响企业的生命周期——技术进化了，企业也需要进化。

日本技术力的长处

支撑日本家电产品发展的是技术力。日本信州大学经济学教授真壁昭夫先

创造新概念技术力	技术创造力，基础技术开发力
高性能技术力	基础技术的应用能力
短期内完成研发技术力	技术管理力
高质量技术力	制造技术力，设计技术力
大批量生产技术力	制造技术力
降低成本技术力	制造技术力，零件技术力

图 1.2　技术力的六大方面

生将技术力归纳为六大方面（见图 1.2），包括：创造新概念的技术力（技术创造力、基础技术开发力），高性能技术力（基础技术的应用力），短期内完成研

发技术力（技术管理力），高质量技术力（制造技术力、设计技术力），大批量生产技术力（制造技术力）和降低成本技术力（制造技术力、零件技术力）。

这些技术力，曾经都是日本企业的长处。时至今日，短期内完成研发技术力、高质量技术力和高性能技术力仍然是日本企业保持优势地位的技术能力，至于创造新概念技术力和大批量生产技术力，很遗憾，这方面日本企业落后了。

从日本家电行业的发展和衰退反思

前文讲了以夏普、索尼、松下为代表的日本家电企业的成功案例，现在，回顾近 20 年日本家电行业的衰退，其失败的教训更有借鉴意义。

从整体上看，日本家电行业 50 多年的发展历程可分为四大阶段：赶超美国制造业（1960 年—1985 年），被韩国制造业追赶（1985 年—2000 年），中国制造业的兴起（2000 年— ）和新方向的探索（2008 年— ）。

到 1985 年为止，日本企业以美国通用电气、惠而浦、威斯汀豪斯、领英、美国广播唱片等公司为追赶和超越目标。如今，这些美国企业，大家知道的还有几家？

20 世纪 80 年代中期以后，韩国的 LG、三星、大宇等企业开始追赶日本企业。与 1960 年代日本仿制美国产品再开发自己的产品相似，韩国企业既仿造日本的产品，同时也有自己的特色。

2000 年，加入世界贸易组织后的中国企业逐步发展壮大，具备了所谓“世界工厂”的生产规模，在此期间，日本的家电企业陷入发展停滞。

如今，日本的家电产业已经放弃了曾经主打的电视机、手机等业务，转而将环境、社会基础设施、建筑、小汽车等作为经营探索的重心。

这里我们介绍一下日本家电行业的失败案例。

2013 年 3 月的年度决算（日本企业一般于次年 3 月做上年度决算）显示，索尼、夏普、松下三家公司合计亏损 1 兆 6000 亿日元，合 960 亿元人民币。

曾经的世界份额排名第一，以最高质量、最高技术而自豪的三家家电公司，为何会出现如此境况？

归根结底，都是源于TV事业的失败。索尼的电视机事业，实际上从2003年起已连续10年亏损。松下的电视机事业，在2012年廉价甩卖，计算一下设备投资损益，亏损7500亿日元，而且已经连续亏损两年。

日本的电视机行业为什么失败？

作为日本家电产业龙头的电视机行业，为什么不再产生利润了呢？我认为有以下五大原因。

第一，液晶和等离子的性能过高、质量过剩，不论是哪个厂家，只要买到液晶或等离子显示屏，即可生产出画质优良的产品，电视机行业由此陷入了价格竞争——显然，日本品牌不具备价格竞争力。

第二，对液晶和等离子的生产设备投资过度，这一点我们稍后再说明。

第三，三星、LG等韩国竞争对手快速成长。造成这种情况的原因是，进入2000年代后，陷入低成长苦闷的日本企业进行裁员，很多优秀的日本技术人员加盟三星、LG。

第四，日元急速升值。因雷曼兄弟事件，一波日元高企浪潮袭击日本。我们作一个假设：如果不是日元汇率高企而是韩元，那么今天陷入亏损苦恼的应该是LG、三星他们吧？

第五，经营判断错误。这个错误指的是开发投资了超出消费者需要的新性能产品。随着《阿凡达》这种3D立体电影的流行，3D电视开始在市场上销售。有人拥有3D电视吗？如果有，您经常用3D功能吗？这其实就是功能过剩。

如今的日本电视机厂家，屡屡在做4K电视机的宣传，现在的高清电视是207万像素，而4K电视机的像素是高清电视机像素的近4倍，达809万。虽然厂家如此宣传4倍高清的优质像素，但我至今都没搞清楚它们两个的画质有何区别。

对于 4K 电视而言，没有匹配的播出内容。有宣传说，2020 年东京奥运会将使用 4K，我认为没有必要进行这种毫无意义的开发竞争。

接着来看上面提到的第二点，对生产设备的过度投资。

表 1.1 记载了从 1993 年开始近二十年间液晶玻璃尺寸的变化。

表 1.1 液晶玻璃制造的近二十年技术迭代

年份	代数	尺寸	40 英寸可能的面数	主要用途
2010—	第十代	2 880mm × 3 080mm	20 面	电脑显示器，液晶电视
2008—2010	第九代	2 400mm × 2 800mm	15 面	电脑显示器，液晶电视
2006—2008	第八代	2 160mm × 2 460mm	12 面	电脑显示器，液晶电视
2005—2006	第七代	1 870mm × 2 200mm~1 950mm × 2 250mm	9.3~9.9 面	电脑显示器，液晶电视
2003—2005	第六代	1 500mm × 1 800mm~1 500mm × 1 850mm	6.1~6.3 面	电脑显示器，液晶电视
2002—2003	第五代	1 000mm × 1 200mm~1 100mm × 1 300mm	2.7~3.2 面	电脑显示器，液晶电视
2000—2002	第四代	680mm × 880mm~880mm × 1 000mm	1.4~2 面	电脑显示器，液晶电视
1995—2000	第三代	550mm × 650mm~550mm × 670mm	0.8 面	电脑显示器，液晶电视
1993—1995	第二代	360mm × 465mm~410mm × 520mm	0.4~0.5 面	电脑显示器
1993	第一代	300mm × 350mm~320mm × 400mm	0.2~0.3 面	计算机、腕表、微波炉显示器等

当时对液晶玻璃的质量要求很高，厚度必须要控制在 0.05~0.07mm 之间，且玻璃表面不能有凹凸，一旦有尘埃附着，将被视为残次品。举个例子：像足球场那样大的一块玻璃，如果有大小如豆粒般的物体落下，产品就会被认为不合格。

在2000年前后，进入第四代玻璃尺寸的加工，当时大概1米见方的玻璃，可以生产、装配两台40英寸的电视机。之后，玻璃生产技术飞速发展，大概在两年后进入第五、第六代，2010年发展到第十代，尺寸也发展到3米见方，可以生产40英寸的电视机20台。

其实，不论玻璃尺寸如何变化，加工流程所需要的时间都相差不大。因此，每次能生产几台显示屏，就成为生产效率和成本竞争力的关键。第十代液晶玻璃的生产设备，需3000亿日元的投资，合人民币180亿元。投资如此巨大，直接造成液晶显示屏生产厂家还没有偿还以前的设备投资，为了应对下一代产品，又必须进行新一轮的巨额投资，如此则陷入了恶性循环。

突然间生产出如此多的显示屏，大大超出了本公司自主品牌的销售能力，造成积压，如果不积极外销，则设备投资无法回收。这样一来，成本低廉的中国电视机生产厂家就能买到物美价廉的显示屏，行业的竞争地图因此发生了巨大变化。

我认为，液晶电视机产业就是“自杀产业”，虽然显示屏卖出去了，本公司自主品牌电视机的竞争力却弱化了。加上当时日元汇率高企，本来就已经亏损的事业，因为日元汇率高企而赤字大幅增加。

当机立断，尽早撤退，东芝和日立做出了正确的经营判断，而夏普、松下、索尼等，却在经营判断上出现了重大失误，这一点，企业领导者负有不可推卸的责任。

1. 夏普：过去的大成功铸就今天的大失败

夏普之所以失败，是因为太过依赖液晶事业，这正是“成也萧何，败也萧何”。

在夏普的销售收入中，与液晶显示屏有关联的金额达2/3以上，而松下的电视关联事业只占12%。液晶显示屏事业的失败，给夏普公司的经营带来很大影响。

当然，这也与坚定推进事业的步伐有关。2004年，夏普龟山工厂取得成功，2009年，当时世界上最大的工厂——夏普堺工厂投产。而夏普，到2012年已经连续13年亏损，其亏损额相当于2013年全年销售额的22%。夏普因此面临生存危机。

2. 松下：既往成功体验和经营判断错误

既往成功体验和连续三次经营决策错误是松下失败的原因。因为电视机事业的失败，松下公司2011、2012连续两年出现巨额亏损，其中最大的原因，是位于日本尼崎的等离子工厂，面临处理4800亿日元的不良资产。这个工厂虽投入巨资，但几乎就没有投入生产过，直至关闭。

另外，松下公司将松下通信工业、松下电工两家独立上市的公司进行股票回收，做退市处理，并将两家公司纳入松下电器进行内部调整，此外还收购了三洋电机，这些大的举措耗费了大量的资金。如今，整合的效果并未出现，令人怀疑是否真正需要进行这样的整合。

例如整合三洋电机，当初是因为看好其锂电池业务，希望通过整合，增加松下企业的附加价值，但最后却把整个三洋都收购了，其中包括手机和太阳能电池等业务，这就使得收购的价值大打折扣，反而成了负担。等到处理完不良资产，2012年松下出现了7 500亿日元的亏损，2013年才扭亏为盈，有1 200亿日元的利润。

3. 索尼：丧失了创业的基因

索尼的失败同样教训深刻。索尼曾经是“技术人员实现梦想”的地方，后来却进行了多元化经营，涉足金融事业、信息储存事业和媒体产业：索尼于1981年成立生命保险公司，1988年开办音乐公司，1989年成立电影公司，1999年进入财产保险市场，2001年创办银行——这些新进入的领域都有较好的利润。

独创的产品开发，这可称之为索尼的基因。索尼拥有实现这一目标的优秀技术团队，曾经，消费者对索尼的印象有如现在的苹果公司。

实际上，在苹果公司推出iPod产品前两年，也就是1999年，索尼就推出了可以下载音乐的产品。日本信州大学的真壁昭夫教授曾受聘于索尼企业集团内的索尼音乐娱乐公司，他说：如果不能像苹果公司那样做到想下载哪首歌曲就下载哪首歌曲，而是只关心音乐公司自己的收益，那么，对消费者而言，这个产品就没有魅力。

索尼集团2013年销售额的前三位分别是手机、电影音乐和金融事业，利润最好的前三位分别是金融、电影音乐和零部件事业，遗憾的是，这些事业的利润被影像、手机部门的亏损抵消了。

1982年以后，索尼的历任总经理没有一个是技术人员出身。2005年以后，索尼的某任总经理竟然是原CBS电视台的节目制作者。我个人觉得，索尼公司的存在价值已经被稀薄化，说不定会重走美国通用电气的老路。

创新进退两难：新老产品的自我竞争

当既有技术在现在的经营领域达到饱和极限时，企业需要进行事业拓展：

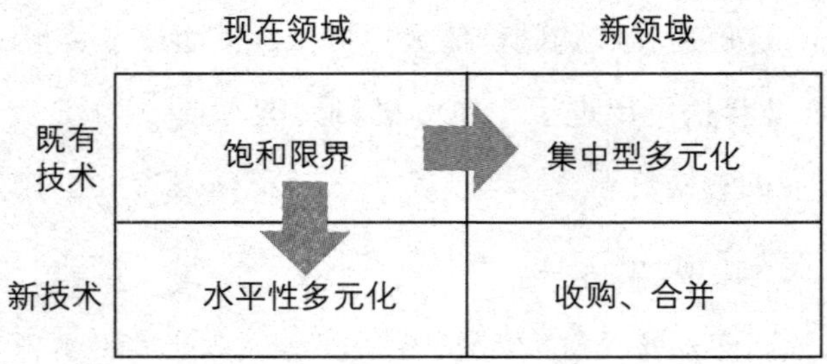

图1.3　经营拓展矩阵

将现有技术拓展到新领域，被称为“集中型多元化”；而在现有经营领域开发新技术则是“水平性多元化”；或者通过收购、合并获取新技术,进入新领域（见图1.3）。

赢得产品竞争，首先要能领先竞争对手，不断推出有竞争力的产品。很多时候，这意味着开拓与现有竞争对手完全不同的新领域，提供市场上前所未有的价值；当然，也包括在别人的技术或产品基础上，通过再创新，推出优于竞争对手的产品。

然而，虽然索尼有电脑、电话、音乐软件、记录媒体等众多资源，却没有网络化的转变模式。而水平性多元化，是对现有商业模式的否定：往往每推出一款新产品，就直接扼杀了老产品。

索尼为鉴：都是神话惹的祸

消费者是忠诚于品牌，还是忠诚于产品？从表面来看，消费者是忠诚于品牌；实际上，消费者最终购买的是产品。品牌只是消费者对产品的信任符号，如果对产品不信任了，那对品牌也就不信任了。所以本质上消费者还是忠诚于产品。

索尼止步不前，是因为索尼不能以变求变，这都是索尼神话的后遗症。具体表现如下：

· 有息负债过高。

· 机构臃肿，人员冗余。

· 丧失长远眼光。

· 产品开发平淡无奇，失去创新力。

· 太过成功带来的危机感缺失。

· 对品牌力的过度自信。

· 企业内壁垒和障碍。

· 优秀人才流失。

· 怪才减少。

· “贤明”的员工（聪明到什么都知道，却什么都不做的员工）过多。

因为产品失去了吸引力、竞争力，消费者自然远离索尼——不管它曾经如何吸引过自己，都已是昨日黄花。

以产品为中心的企业经营，产品是经营的唯一载体，也是品牌的核心载体，是与客户互动的最重要途径。提升产品竞争力是企业持续成功的不二法门。

从产品的进化到企业的进化

新产品既出，老产品将亡。这是普遍存在的生命周期规律。因此企业要有三代产品规划——销售一代、储备一代、开发一代。

每一代技术都有其极限，随着新技术的出现，老技术将退出历史舞台，因此，技术的进化必然造成产品的进化，这有点像中国的那句俗话："长江后浪推前浪，前浪死在沙滩上。"

1. 自然极限造成的S曲线

世间的产品无非是通过物理的、化学的或者生物的方法形成。任何一代技

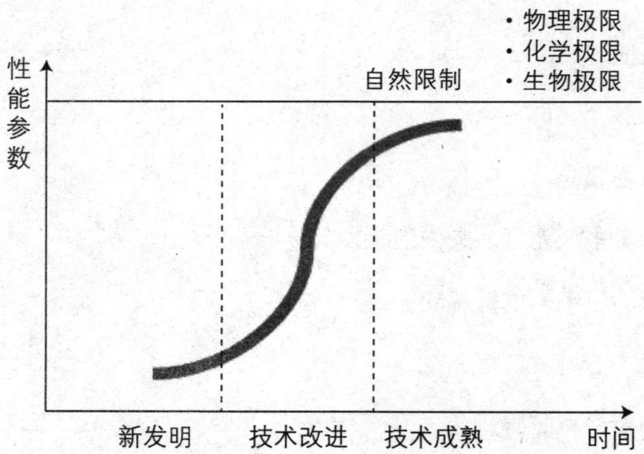

图 1.4 产品进化的 S 曲线

术都有其极限：钢板不可能无限薄，蔬菜不可能两分钟长成……由于物理极限、化学极限和生物极限等自然极限，造成了产品进化的S曲线（见图 1.4）。

当一代新技术发明时，与老一代技术相比，其性能没有绝对优势，因为新

产品的应用量少，价格也高；随着技术改进，性能逐步提高，新技术开始被广泛应用，伴随着成本下降，相应地，老产品逐步退出市场；当技术趋于成熟时，其性能逐步接近自然极限，于是，新产品的生命又将终结，人们又将开始寻求下一代新新技术。

2. 自然极限造成的S曲线族

人类的基础科学研究使我们能够更全面、更深入、更系统地认识自然现象、揭示自然规律，从而获取新知识、新原理和新方法。而将基础研究的成果创造性地应用于各个领域，则能够使人们不断获得新技术。

一代新技术开启一个新的S曲线，下一代新技术又开启一个新的S曲线，S曲线的故事不断重复着，技术也不断推陈出新，于是就有了产品进化的S曲线族（见图1.5）。

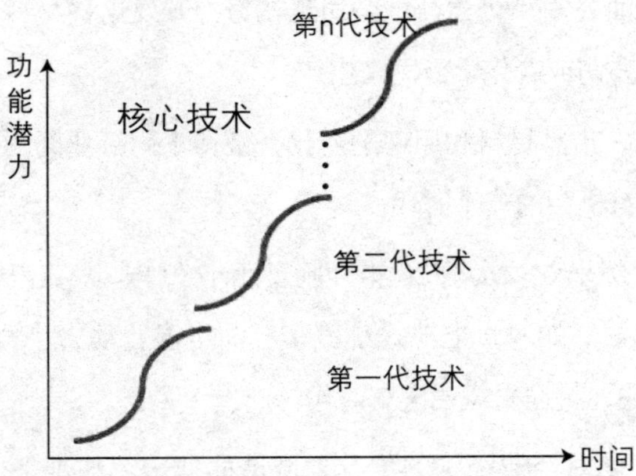

图 1.5 产品进化的 S 曲线族

产品总是在不断进化。因为划时代产品的出现，从而导致企业竞争力发生变化，这与产品的进化、融合密不可分。

比如电脑，以中央处理器为核心的计算机曾经独占计算机市场很长一段时间，但直到20世纪90年代小型计算机问世后，人们才能够在办公室自由使用它。当时，IBM是计算机行业的巨头。1990年代中期以后，便携式电脑普及，只要有电源和电话线，电脑随处可用。如今，平板电脑终端的出现更方便了大众。

再比如电话。自从19世纪末电话问世以来，固定电话时代持续了很长一段时间。20世纪中期，车载移动电话开始销售，移动电话从最初的大哥大，经过小型化、高性能化的发展，演变为现在以iPhone为代表的智能手机。

照相机也是如此，从溴化银感光材料相机进化到如今的数码相机。

如今，笔记本电脑、电话和照相机三个范畴的产品被集成为平板电脑的形态。到2020年代，不知又会有什么产品被融合进来，值得期待。

电视机从显像管电视机发展到液晶数码电视机，目前正在向有机EL方向进化。有机EL是以石油为原料的化工合成品，只要通上电流，这种材料就会发光。在日本，石油公司和化学纤维公司正在努力开发这种材料，说不定将来的电视机会由石油公司或者化学公司来生产。

产品的融合、产品材料和原理的变化，使得不同行业间的壁垒被消除，这将是任何人都拥有机会的一个时代。

再以汽车为例来看。从1886年奔驰发明小汽车以来，汽车在很长一段时间里都是燃烧汽油。如今，电池式小汽车、油电混合动力小汽车已经很普及，估计到2020年代，将迎来氢气汽车时代。

虽然产品进化对企业经营的传统领域造成冲击，却带来全新的经营机会和更大的发展空间。以相机产品的进化为例，根据中国前瞻产业研究院发布的《2015—2020年中国手机行业市场前瞻与投资预测分析报告》指出：

溴化银感光式相机的全球需求	4 000万台	1998年顶峰值
数码相机的全球需求	12 000万台	2008年顶峰值
手机的全球需求	180 000万台	2013年数据

也就是说，当数码相机成为历史产品时，数字化成像技术则迎来了手机行业每年 18 亿台以上的市场空间。

进化是亘古不变的规律：技术进化带来产品进化，产品进化要求企业进化。在新一代技术出现时，原来所有的竞争优势都将清零，所有企业都将站在同一起跑线上开始新一轮竞争。不能适应进化的企业，必将走进市场经济的历史。

新产品替代老产品既是科学技术进步的标志，也是时代发展的必然。做好三代产品规划，加强技术研发投入，企业才能随着老产品生命周期的终结，通过及时导入新产品，成功跨越“死亡谷”，实现持续经营。

潜心磨砺，面向未来 20 年

日本企业真的变脆弱了吗？时至今日，日本已经不适合作为大规模生产的基地了，但是日本企业仍然拥有很多优势：创造新概念、新产品的潜力；在环境、自然能源相关领域的丰富研究成果；能够创造安全、可信赖、高质量产品的技术和“人财”（能创造财富的人才），以及超过 40 年的海外经营经验。

面向未来 20 年，日本企业正在苦心磨砺、卧薪尝胆，寻求新突破。

回归原点：通过技术革新进行产品开发

在松下幸之助的经营哲学中，最有名的一条叫“自来水哲学”，是说企业要生产如自来水一样的又便宜又好的产品，为用户的生活提供便利，增加用户的幸福感，这是企业的使命。

电视机、空调器等主要家电产品面世至今，已接近 90 年，产品的进化已告一段落，其价格也已经达到物理性的最低限度。将“自来水哲学”置于重要位置的日本企业正在回归通过技术革新进行产品开发的原点，他们以小汽车、住宅能源、环境净化、社会基础设施等相关联的领域为中心，正在进行新技术的产品化开发。

日本企业拥有超过 40 年的海外经营经验，在世界各地都有工厂和销售网点，拥有一大批熟悉当地事务的人才。

日本目前仍然拥有世界一流的管理技术——安全、可靠性高。日本新干线开通 50 年来，以现在每 5 分钟一班的密度，以时速 250 千米运行，没有发生过一起人身事故。

在农作物产业的海外转移方面，日本也正尝试在废弃的工厂进行农作物栽培。

富士重工：活用原有的独特技术

活用原有的独特技术提高产品竞争力，是企业最现实的经营路线之一。

欧、美、日三分天下，全球汽车市场风起云涌，市场占有率此起彼伏。日本富士重工旗下的斯巴鲁汽车通过活用原有的独特技术，将战略由原来的跟随战略调整为利基战略，进而走出了一条自我革新之路，在全球汽车市场奠定了自己的细分市场地位，成为近年日系汽车在全球范围内冲出的一匹黑马。

1. 思考：斯巴鲁如何走出经营“雾”区

最近五年来，全球汽车市场的容量一直维持在 8 000 万台左右，斯巴鲁汽车的年销售量也在 80 万台左右徘徊，在全球市场的占有率仅为 1%左右，利润在 5%左右徘徊。

视利润和现金流为生命线的日本企业普遍存在一个共识：在正常的经济环境中，整体利润率达到 10%才能算是正常经营。2011 年，时任斯巴鲁日本总公司社长的吉永泰之先生，决定要对斯巴鲁的战略进行调整，走出经营“雾”区。

吉永泰之社长认为：斯巴鲁只有 1%的全球市场占有率，这就意味着 100 个买车的人当中只有 1 个人购买斯巴鲁汽车，既然如此，斯巴鲁就无需为所有的消费者服务——只要为这 1%的目标客户服务即可。按照吉永泰之社长的说法：斯巴鲁要从大游泳池到小游泳池游泳，不靠规模取胜，聚焦目标市场，用素直之心直面现实。

2. 事业领域的选择和集中

实际上，在聚焦汽车市场之前，斯巴鲁就已经开始对多元化的经营战略进行调整。

生产斯巴鲁汽车的富士重工前身是第二次世界大战前生产飞机的中岛飞机公司，1946 年之后，该公司转型生产微型汽车、大巴、铁道车辆、垃圾收集车和风力发电机等，致力于成为强大的综合输送设备厂家。

2012 年，斯巴鲁将风力发电事业卖给了日立；2013 年，斯巴鲁又将垃圾收集车事业卖给了新明和工业。将在竞争中无法胜出的事业卖掉，将企业经营集中到汽车领域，这是斯巴鲁的战略转型思路。

3. 聚焦：为运动兴奋型客户服务

那这 1%的目标客户是谁呢？什么样的客户才是斯巴鲁的目标客户呢？

从理论上看，斯巴鲁的市场聚焦被称为利基战略，就是聚焦一个细分市场，从缝隙市场中寻找机会，只为一小部分独特的客户服务。虽然这个市场的容量不大，但对于一个企业来说，其绝对值足够企业经营发挥——细分市场往往能冒出全球隐形冠军。

从这个意义上来说，“客户就是上帝”这一说法是错的，应该改为“目标客户才是上帝”。

造飞机出身的斯巴鲁的技术优势是汽车发动机，与大多数汽车厂家的立式发动机不同，斯巴鲁采用的是卧式发动机，其稳定性和运动性能更加突出，这也是斯巴鲁立足全球市场的根基。

经过对市场的全面分析，斯巴鲁决定聚焦全球多功能运动车市场，只为运动兴奋型客户服务。

从微型车市场撤退，将资源集中到运动型汽车，提高开发速度和产品竞争力——斯巴鲁制定了聚焦战略，将优先的资源集中在SUV（多功能运动车），陆续推出了XV、BRZ、LEVORG等系列产品。

4. 全球统一规格，总资源集中

与众多汽车同行一样，在相当长的一段时间内，斯巴鲁也曾基于整体产品规划、结合各个国家的特点，在不同的区域市场推出不同特色的产品，以满足不同环境和文化背景下客户的个性化需求。

在决定聚焦多功能运动型汽车后，斯巴鲁在执行上还有一个重要举措，即不分国度，只为运动兴奋型客户服务。斯巴鲁认为：运动兴奋型客户是不分国度的，他们有人类对运动挚爱的共同天性。

不分国度，只看目标客户。无需区分国度开发产品，也就避免了资源分散、产品与需求错位的风险。斯巴鲁大胆地砍掉了SUV以外的所有车型，包括其曾经赖以生存和发展的微型汽车。对于决策者来说，这需要面对非常大的阻力，冒非常大的风险。

5. 聚焦后的市场价格提升

实际上，利基战略是否可行、会不会造成经营风险，在斯巴鲁内部也有截然不同的正反观点，争议不断、难判是非，这极大地考验了领导人的决断力和说服力。

“经营是一门科学，需要按规律决策。”时任社长吉永泰之说。

聚焦后的斯巴鲁将车型集中，极大地提高了有限资源服务于少数目标客户的质量和效率，斯巴鲁汽车逐步受到全球运动兴奋型消费者的偏爱，年销售量并没有因为目标客户收缩而受到影响。

自2011年以来，斯巴鲁SUV产品并未陷入价格战泥潭，全球销售价格稳中有升，同样是每年80万台左右的销量，斯巴鲁的销售收入却逐年上升。

6. 聚焦后的经营业绩变化

改革需要坚持。从2012年起，利基战略带来的经营效果逐步显现，斯巴鲁汽车的单台利润额从 2012 年的 7 万日元/台逐步提高到 2014 年的近 50 万日元/台，超越丰田、马自达、日产和本田，在日系车中排名第一（见图 1.6）。斯巴鲁十足是日本汽车产业的一匹黑马。

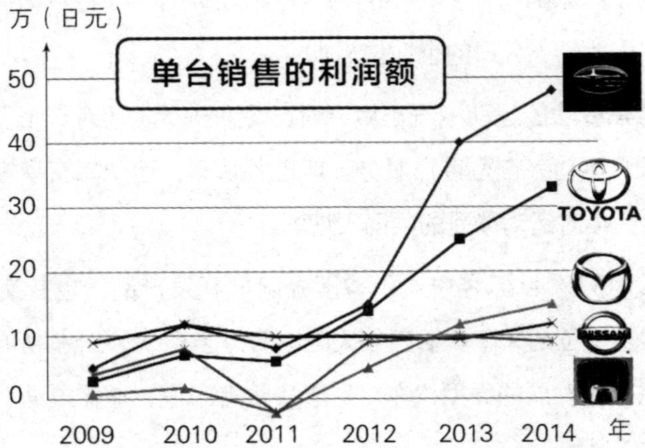

图 1.6　近年日系汽车全球利润率变化

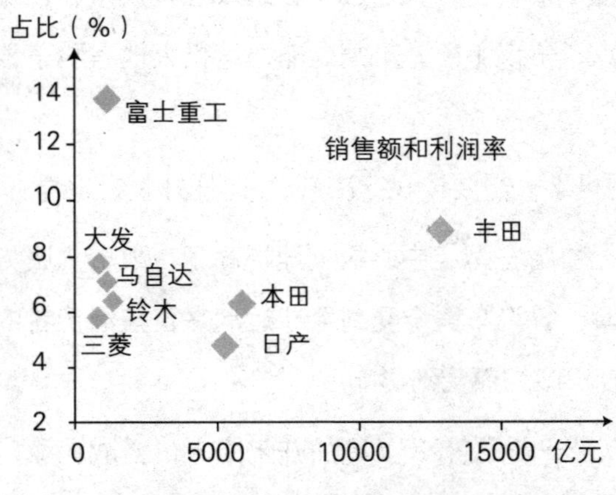

图 1.7　2014 年日系汽车年销售收入及利润率分布

不仅如此，斯巴鲁汽车的整体利润率也从 2009 年的 5%左右逐年上升，2014 年达到近 14%。虽然在日系汽车中斯巴鲁的年销售收入排在第三梯队，但其利润率却排第一（见图 1.7）。

7. 聚焦后的品牌形象变化

品牌并非独立存在，其载体就是实实在在的产品。社会和客户通过产品真切感知企业的存在，从而建立对品牌的认知。

改革后的斯巴鲁，其品牌形象也随着战略调整发生了变化。根据 2015 年日本日经 BP 网络调查的数据显示，在日本国内的“强力革新”印象品牌排行榜中，斯巴鲁超越本田，排在第 3 位。也就是说，斯巴鲁已经在社会和市场中建立了“强力革新”的品牌形象，这将继续影响消费者对斯巴鲁品牌的接受和追随程度。

斯巴鲁涉足的领域从飞机到多元化经营，从微型汽车到全系列汽车产品，此外还曾应销售店面的要求给大发工业贴牌生产微型车。在全球市场中几度沉浮、“雾”中前行的斯巴鲁汽车，自从 2011 年实施利基战略、聚焦细分市场以来，取得了显著的经营成果。

这让我们想起一句话：研发就是营销，生产也是营销，营销就是经营。用战略统领企业资源，能够提高经营效率。企业战略通过产品战略和生产战略落地，理所当然，生产一线需要理解和贯彻企业战略。

可是，在纵向离经营似乎“遥远”、在横向离市场也似乎“遥远”的生产一线能够看到企业战略吗？

以前做多品种、多系列的产品，现在只做多功能运动车——斯巴鲁的员工从自己每天生产的产品变化上能够直接感知企业的战略调整。此外，企业还可以通过多渠道、多形式的战略宣传，将全员认识统一到既定战略，这样能够避免力量分散，战略落地也因此才有保障。

斯巴鲁汽车战略转型的成功案例表明：战略并非高高在上，战略与运营是一体的，这对于中国不同行业的诸多企业，不失为一种有效的跨界借鉴。

8. 四种营销战略

企业有四种常见的营销战略：领导战略、挑战战略、追随战略和利基战略（见图 1.8）。

定位		行动
市场领导者 Leader	业界NO.1企业	市场份额的维持
挑战者 Chalenger	排名2-3位的企业	瓦解NO.1企业
追随者 Follower	排名低位	追随业界动向 不推行战略行动
利基者 Niche	凭借独特的商品和服务	缝隙市场 独自的高附加价值 战略行动

图 1.8　四种市场营销战略

在全球举足轻重的日系车中，丰田汽车采取的是领导战略，与通用汽车相互竞逐，争夺全球第一的位置。本田和日产处于日系中的第二梯队，他们采用的是挑战战略，不断尝试挑战丰田的领导地位。大多数其他日系品牌，像马自达、三菱、铃木、大发等，包括早前的斯巴鲁，都是追随者——领导者和挑战者做什么，他们就做什么，他们的研发投入相对较少，虽然缺乏绝对创新性，可是固定成本低，在浩如烟海的全球市场中也能分得一杯羹，活得相对滋润。

潜心磨砺：日本企业面向未来 20 年

日本企业目前正在致力于预见未来社会 10 ~ 20 年后的变化，在接下来的时间，开发有竞争力的新产品、新材料，通过试制新产品，构筑新的产业结构。

1. 氢发电：新技术召唤新社会

日本企业正在和政府合作，共同打造未来的氢社会。

大家都知道水可以分解为氢和氧，反之，氢和氧结合会产生水，此外，还会释放热量、产生电——“产生电”这一点一般人都不会太注意。根据这一原理，可以将氢气与氧气燃烧进行发电和生产热水，然后将之用于家庭用燃料电池、氢汽车等方面——这就是未来的氢社会。

先说说氢汽车。2014 年 12 月，丰田氢汽车FCV上市，价格为 723 万日元，由于日本政府补助 202 万日元，实际价格为 521 万日元。此外，在东京购买时，东京会补助 100 万日元，所以最终采购价格为 421 万日元。

2014 年，日本政府已经设立了 23 个氢气加气站，后续还会设立更多的氢气加气站。目前汽油加油站的建设费为每个 1 亿日元，氢气加气站的建设费为每个 10 亿日元，二者的差额由政府补贴。

我们可以看一下氢气燃料与汽油的成本比较：

· 氢气 1000 日元/千克，1 立方米相当于 110 ~ 115 日元；

· 气箱容积约相当于 156L（109 立方米），加满 4 300 日元，可行驶 650 千米；

· 每行驶 1 千米约 17 ~ 23 日元（汽油是 10 ~ 16 日元）；

相当于 1 ~ 1.5 元/千米（汽油 0.6 ~ 1 元/千米）；

· 计划到 2030 年氢气价格降至 1 立方米 40 日元（相当于现在的 1/3）；

故 1 立方米相当于 0.3 ~ 0.5 元/千米。

再看家庭用燃料电池。由东京燃气、大阪燃气等政府部门牵头，建设了名为“能源站（能源工厂）”的供应体系，让城市燃气中的氢与空气中的氧结合，再通过家庭用燃料电池这一媒介实现家庭用电自给自足。

家庭氢燃料电池由松下、东芝和日本矿业三家企业生产，发电能力为

750 ~ 1000W。2009 年 5 月，该产品刚上市时，一个单元的家庭用燃料电池售价 350 万日元，但政府补助 140 万日元，消费者只需支付 210 万日元；到 2015 年，该产品售价下降为 160 万日元，但政府补助 100 万日元，消费者只需支付 60 万日元。

这个项目到 2014 年 9 月已经累计销售 10 万台，到 2020 年的销售目标是 140 万台，到 2030 年将累计生产 530 万台，覆盖日本家庭的 10%。

从诸多案例来看，日本企业正在着眼未来 20 年进行产品开发，也许到时日本企业会有再次令世人刮目相看的表现。

2. 消灭钢铁？——碳素纤维技术带来的未来

碳素纤维又称碳纤维（carbon fiber，简称CF），在国际上被誉为“黑色黄金”。碳素纤维被视为继石器和钢铁等金属后的“第三代材料”，用碳素纤维制成的复合材料具有硬度高、超轻、耐高温、耐高压等优异特性。

开启碳素纤维新纪元的是美国发明家爱迪生，他于 1880 年首先将竹子纤维碳化丝作为电灯泡的发光灯丝。后来，日本大阪工业技术试验所的进藤召男博士开发出PAN纤维；以此为基础，1962 年日本碳化公司开发出低弹性系数的碳素纤维；日本东丽公司亦据此开发出高强度碳素纤维CF。

美国波音公司的新锐机型B777、B787 的碳素纤维使用量高达 50%，加之在土木建筑、汽车等领域的复合材料的扩大应用，碳素纤维产业逐渐进入快车道。

根据相关预测，2017 年全球汽车和飞机用碳素纤维的需求量将达到 0.5 万吨，2020 年将突破 1.5 万吨。根据日本共同社 2014 年 12 月 6 日的报道显示，东丽公司是全球最大的碳素纤维制造商，在四个国家设有碳素纤维工厂。目前全球碳素纤维总产能约 8.4 万吨，东丽公司占其中近四成。目前日本厂家独占飞机用碳素纤维市场，东丽、帝人、三菱丽阳三家公司的生产能力合计占世界的 50%。

日本企业大力推进碳素纤维在各行各业的运用。碳素纤维的密度是钢的 1/4，硬度是钢的 10 倍，弹性是钢的 7 倍，在汽车的车架和外壳上开始得到广泛运用。今后几年，汽车用碳素纤维将急速扩大，大有取代钢的趋势。

抓住划时代新型材料带来的市场契机，日本企业在应用研究和产品开发领域苦下内功，如果这一策略一旦实现了全球先发优势，相信若干年后日本企业又将开辟一片新天地。

3. 人工光合成：不需要化石能源?

在读书时代，我们就知道光合作用，借助它植物可以将水和二氧化碳转化为有机物和氧气。试想一下，如果利用光合作用的原理生产有机能源，地球不知将会发生怎样的变化。

2012 年 12 月，松下公司利用室外太阳光成功完成了实验，获得了有机化合物甲酸；2013 年 5 月，丰田汽车集团旗下的中央研究所也利用不同的方法和条件在室外完成了人工光合成实验，同样获得了甲酸。

松下研发机构的相关人士表示：“通过改善光合成触媒，目前还成功生成了乙醇、甲醇、乙烯、甲烷等有机物，但目前实验产生的有机物量比较少，太阳光能转换效率仅为 0.2% 左右，与植物大体相同，因此太阳光能合成技术还有待进一步改进。”

人工光合成的原材料是二氧化碳和氧气，地球上目前最不缺的就是它们，通过光合成技术可以将大量二氧化碳加工成液体燃料，到时，人类将不必担心地球变暖的问题。

地球表面的 70% 被水覆盖，人类产生的大量二氧化碳更是让地球温暖化加剧，如果能够将太阳能、水，以及二氧化碳这三种无穷尽的资源加以有效利用，那么人类所需的甲醇、乙烯等能源化学原材料也将变得取之不尽。

面对日本企业正在进行的新能源研究，不禁让人联想：未来或许将不再需要化石燃料（石油、煤、天然气等）。日本率先实现实用化的光合成技术，奠定了日本企业在这一领域的优势地位，这也将推动日本的能源革命和经济成长。

4.有机EL：照明和彩电生活的变化

彩电可以折叠，四面墙体可以发光，真正意义上的电子纸……这就是有机EL的世界。

有机EL是organic electro-luminescence的简称，即有机发光的电子板。这是一种由多种材料薄膜叠加在一起的复合材料：阴极材料为容易释放电子的金属，多为铝、银镁合金、钙等金属薄膜；阳极材料为能释放阳子的氧化物，例如ITO（一种透明金属氧化薄膜）。

有机EL的主要部分是发光材料层。发光材料可分为高分子化合物和低分子化合物两大类。有机EL轻薄如纸，可弯曲，俗称“电子纸”，挂在墙上，不用时可卷起来。

与LED相比，有机EL以全固态、主动发光、高对比度、低功耗、无视角限制、响应速度快、工作温度范围宽等优点，正作为新一代显示技术快速崛起（见表1.2）。

表1.2　有机EL与LED对比表

	有机EL	LED
寿命	8 000~20 000小时	40 000小时
特征	面整体发光 （能够照射较广的范围） 反射、影子少 省能源 热量少 对眼睛柔光 薄轻，柔	照射范围窄 （点光源） 容易反射、容易出现影子 省能源 热量大 光强 小型化容易
用途	显示器（手机、电视） 看板照明（店铺用） 装饰照明（墙壁等） 办公室 游戏机、手写面板	简单照明 脚下的灯、路灯 商铺用聚光灯 办公室 装饰照明

目前，全球生产有机EL的核心技术——薄膜技术和表面处理技术均掌握在日本的大企业——大日本印刷手中。借助这一优势，日本企业正在研究有机EL的全面社会化应用。

5.无人驾驶汽车：汽车智能化将改变社会系统

不会相撞、自动跟随、不出界，不需要司机，白线内自动行驶，360度雷达，自动控制速度……这就是未来的无人驾驶汽车。

与欧美一些国家相比，虽然日本在无人驾驶汽车领域开发起步较晚，但从2013年下半年起，日本在这一领域迅速爆发。丰田、日产和本田三家整车厂商分别发布了旗下正在开发中的无人驾驶汽车。随着日本无人驾驶汽车在公路实测方面相关法律法规的出台，积累已久的技术和产业进入了高速增长期。

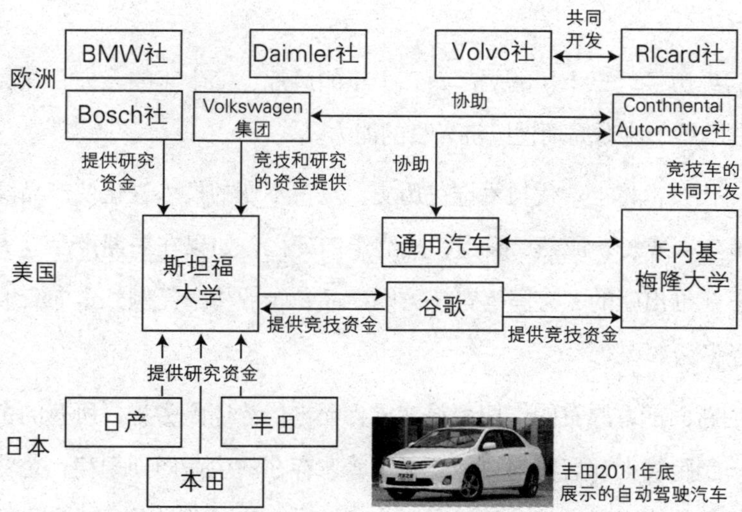

图 1.9　日系车企参与全球无人驾驶汽车技术研发

实际上，全球无人驾驶汽车的技术研发是由美、日、德等国的企业和大学形成的网状系统进行的（见图1.9）。

汽车智能化将极大地改变整个社会系统：道路、交通、建筑和社会空间将实现全面数字化、网络化，人们将从“购买、拥有汽车”转变为“利用汽车”，汽车的资产属性将完全消失，地球资源将得到最大限度的运用，汽车销售业将转型提供移动服务。

日本企业界十分重视无人驾驶技术产业链，具有传统优势的日本元器件设备有望从中获益。

直面在根本上发生变化的时代

碳素纤维出现了，钢铁消失；有了人工光合成技术，地球不再暖化，人类不再忧心能源；石油化学公司、纤维制造企业能够制造彩电；氢发电取代大型火力发电，氢社会不再有污染……这是一个即将在根本上发生变化的时代，跨界创新会层出不穷，一个不小心，横空出世的相关企业可能就已经巧夺了市场……

战后经历了近三十年的崛起、二十年的辉煌、二十年的迷失，跌宕起伏的日本企业磨炼出应对周期性经济兴衰的能力。

新一代技术将上一代技术推进历史，亘古不变的技术进化使产品像人一样孕育、诞生、成长、成熟、衰退，最终走向死亡。如果在先期产品丧失优势的过程中不能推出新的、有同等竞争力的产品，企业将毫无例外走向衰败——无论它曾经多么辉煌。

在创新面前，原有的一切都将清零，无论优势还是劣势，所有的企业都将站在同一起跑线上开启新的竞争。面对普遍存在的生命周期规律，企业唯有通过技术创新才能实现产品创新，在原有产品进入衰退期之前，新产品要能够进入成长期，确保企业现金流延续，只有这样才能成功跨越前后产品生命周期之间的“死亡谷”。

以产品竞争为中心的企业经营，磨炼的是产品的竞争力，这是企业持续经营的根本。

02

第二章

小微品牌的信用力沉淀

行动差异化创造兑现性记忆

品牌建设无所谓企业大小，名不见经传的日本诸多百年小微企业创造的鲜活案例证明：草根企业也有品牌春天。

务实：小微企业的品牌建设

品牌是给拥有者带来溢价、产生增值的一种无形资产。当一个企业没有品牌的时候，顾客不会支付过多的溢价，企业的赢利能力就会非常差。

所谓品牌，表面上用于识别产品或服务的标识、形象等，实质上是消费者对产品及产品系列的认知程度。也就是说，品牌的载体是用以和其他竞争者的产品或服务相区分的名称、术语、象征、记号或者设计及其组合，品牌增值的源泉来自于消费者心中形成的关于其载体的印象。

品牌基于客户的认知

人们都知道，企业文化不是企业宣传出来的，而是在员工言行中体现出来的。同样，品牌是客户内心感受到的，而不是企业宣传出来的，只有能够做到口口相传的牌子才称得上是真正的品牌。

定位是打造品牌的关键。世界品牌大师杰克·特劳特说：企业家需要转变视角，不要自内而外而要从外往内看企业。企业定位是由消费者的心理认知而非产品本身决定的。

自人类开启商业文明，数百年来，无数企业经营者在品牌建设方面有着各种各样的理解和实践。全球长寿企业之国——日本，对品牌建设的理解和实践似乎有着与众不同的视角。

由信用到信赖：品牌的内核是信用力

所谓信用，是以能履行跟人约定的事情而取得信任。信用是过去履行承诺的正面记录，是依附在人之间、单位之间和商品交易之间形成的一种相互信任的生产关系和社会关系。

对于成熟市场的统计分析结果显示：在某一个行业，消费者最多只能记住7个品牌，而第一品牌的利润是第7名的7倍。知名品牌往往使消费者与对应的需求产生联想，一提到这种需求，消费者会立即想到第一品牌。

成立于1970年的太田工业所位于日本大阪，主要从事粉碎机的生产和销售，总经理太田茂先生在对公司员工的致辞中强调："信用是眼睛看不到、却很重要的财产，积累在以客户为首的、形形色色的人心中。""即使这样的财产减少了，自己也很难发现——这是很恐怖的。"

信用是结果的积累——即事实的聚积。长久的信用使企业得到客户信赖——客户信任并依靠企业，将现在和将来的相关需求都托付给企业。品牌由此存留在众多常客户群心中，重复购买所表现出的品牌忠诚度正是企业品牌建设的目标。

企业获得客户信用和信赖的能力，日本管理界称之为"信用力"。日本企业界根深蒂固地认为：品牌的内核是信用力。

兑现性记忆——从采购心理学看品牌建设

所谓兑现性记忆，是对个人或组织承诺践行的结果形成的记忆所决定的对其后续承诺的信任程度。兑现性记忆是个人或组织信用的根本反映。

美国经济学教授菲利普·科特勒在《营销管理》一书中认为：客户在购买和使用过程中建立的兑现性记忆在持续影响后续采购决策（见图2.1）。"兑"是按已经承诺的去做，"兑现"是实现诺言；而"记"是识记、保持，"忆"

是回忆和再认。兑现性记忆是个人或组织信用的根本反映。

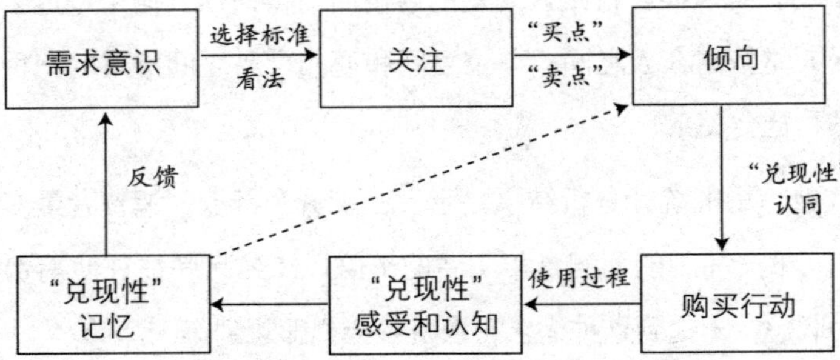

图 2.1 采购心理学：购买者的心路历程

当客户涌现出购买需求的时候，会带着选择标准（看法）关注外部环境，这些选择标准逐步明确出来，就是其"买点"（想要什么样的），外部提供的多种选择方案都有其宣传的"卖点"，将买点和卖点对接，当两者接近时，购买者就会产生一定的选择倾向。

由于可能的选择方案可能只有一种，也可能有多种，接下来购买者会从内心进行主观判断：那一个方案可能最终可以满足自己——当购买者对某个方案产生了这样的"兑现性"认同，他就会做出采购决策、采取购买行动。而没有出现兑现性认同时，购买者就会继续寻找和比较。

购买者出现购买行为之后，通过对产品和服务的使用过程，形成消费体验，得到相应的"兑现性"感受和认知：这家的宣传兑现得如何？自己的期望兑现了吗？

购买者的消费体验在其心理层面形成兑现性记忆——人的生理记忆和心理记忆在影响后续的思考和行为：购买经历创造的兑现性记忆会直接反馈到下一次需求意识，影响后续的选择标准（看法）和买点，甚至直接决定未来的采购决策倾向。

显然，好的兑现性记忆将对消费者的未来采购行为产生对供应商有利的影响，如果一个客户从其供应商的交易行为中持续得到满足、创造好的兑现性记忆，客户将对该供应商持续下单，变成一种重复采购行为。

反之，如果客户与供应商的交易创造的是差的兑现性记忆，两者之间的交易就不可持续——记忆在心理层面的影响是深远的，一旦产生，改变不易。记忆在改变着人们未来的思维和行为。

好的消费体验给人们带来生理和心理的满足，坏的消费体验使人不满甚至愤怒，分享的天性又使得人们会把兑现性记忆用语言表达出来，情不自禁地向环境传递。这就是口碑。

口碑有好口碑（好评），有坏口碑（差评）。口口相传形成的自然传播，在无形中形成产品的自然知名度，好口碑使企业得到美誉度，坏口碑破坏企业的美誉度。

企业以产品为载体，在定位市场和目标客户中形成的集体兑现性记忆，逐步汇聚成人们对该企业的整体评价，企业品牌由此产生——人们不是看企业怎么宣传，而是体验产品、观察其行为。

口碑传播逐步形成企业的潜在传播能力，是客户对企业卓越服务的一种回报，虽然潜在，却很深远。

信用力降低交易成本

信用力是好的兑现性记忆形成的信用力量

显然，好的兑现性记忆带来的是客户对企业的信任，诸多客户得到的好的兑现性记忆沉淀出企业的信用——一种由社会评价的可信度，人们只要听到、看到某品牌，就会在内心即刻涌现出相应的安心感受。

日本一家并不知名却活得很滋润的顾问公司这样理解信用：虽然形成信用很艰难而且很花费时间，可是失去信用却只要一瞬间。如果企业建立了信用，会出现旧客户介绍新客户的情形，从金融机构取得融资会非常顺畅。

信用是过去履行承诺的正面记录，信用是有力量的。个人信用将使其在社会上更容易获得机会，有信用的人更容易调动社会资源；企业信用能让企业快速获得客户信任，提高交易效率，降低成本。

1. 信用力降低价格敏感度

大家都知道市场层次有高低之分，有高端市场、低端市场；客户层次也有高低之分，有高端客户、低端客户——其标志就是价格。本质上，区分市场和客户层次高低的并非价格本身，而是价格敏感度。

客户从过往的消费体验中建立对企业的品牌记忆，后续直接采购口碑好的产品，其采购决策速度快，对价格的敏感度会降低，因为，由兑现性记忆带来的兑现性认同会使客户安心，客户会忽略掉价格因素——客户对价格已经有心理预期。

2. 信用力提高客户黏性

客户对企业产品和服务的认可和信赖，坚持长期购买和使用该企业的产品和服务，并在此过程中所表现出的在心理和情感上的一种高度信任和忠诚的程度——这就是客户忠诚度。

企业的信用力获得的是目标客户的重复购买行为，长期对某品牌的重复购买，就是一种客户黏性，是客户对企业产品和服务在长期竞争中所表现出的优势的综合评价和肯定。

在用脚投票和网络传播的当今时代，客户黏性是客户忠诚度的时代性表现，是企业经营的最高目标。

品牌带来坚强的抗风险能力。品牌忠诚度体现在消费者的重复购买、不离不弃、矢志不渝的消费行为上。从长远来看，这种行为提高了企业应对市场变化的能力，特别是在经济低迷和危机事件时，消费者的品牌忠诚度往往是最后的关键。

3. 口碑传播是一种信任转移

兑现性记忆形成口碑。使用体验→兑现性记忆→口碑传播→品牌知名度。客户在建立产品的使用体验之后，将感受口口相传，形成企业信息的传播。

客户对企业的口碑有好也有坏。口碑的传播对企业潜在客户的未来采购行为产生直接而有效的影响，众多相同口碑形成集体性的兑现性记忆，聚合成企业在客户群体中的品牌印象。

口碑传播发生在朋友、亲戚、同事、同学等关系较为密切的群体之间，在口碑传播之前，他们之间已经建立了一种长期稳定的关系。由于人们之间的信任度，口碑传播对企业潜在客户的未来采购行为产生直接而有效的影响。

创造客户感动的兑现性记忆，让每一位客户都能传播企业生意上的“美德”，这是企业经营者梦寐以求的。

创造客户体验：从使用价值迈上让渡价值

不论是有形的产品还是无形的服务，客户需要的都是由此带来的价值。采购决策最重要的决策原理，就是比较多种采购方案的让渡价值，择高决策。

1. 从成本定价到品牌溢价

传统的市场定价机制有两种：一是成本要素定价，二是品牌溢价。前者是基于产品成本，考虑合理利润确定销售价格，这在一个正常竞争的市场是客户能够接受的；后者的定价则与产品成本无关，而是由产品的品牌决定，其价格可能是产品成本的若干倍，同样的产品打上不同的品牌，其价格也可能相差若干倍——品牌溢价是品牌附加价值的直接反映：奢侈品牌手表在大众心理中隐含了身份、地位和财富认知，开奔驰或比亚迪去谈生意，其效果也不同。

显然，锻造企业高端品牌、实现品牌溢价，这是企业往高层次发展的必由路径。

2. 提高让渡价值才能让客户满意

一分钱一分货，客户不会满意；一分钱N分货，客户才会满意——让渡价值是客户进行采购决策的心理标准（见图 2.2）。

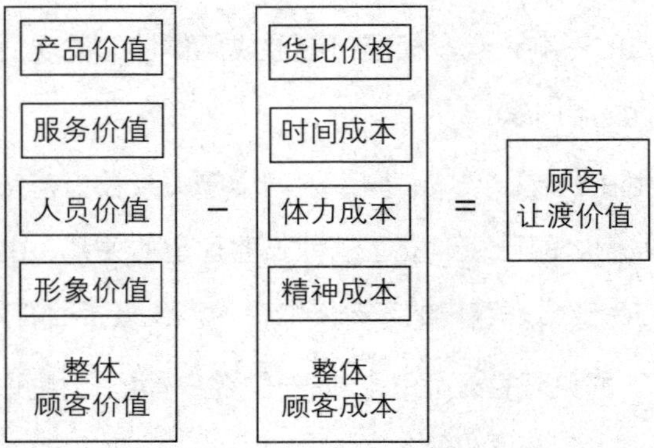

图 2.2　让渡价值是采购决策的心理标准

顾客让渡价值是指整体顾客价值与整体顾客成本之间的差额部分，而整体顾客价值是指顾客从给定产品和服务中所期望得到的所有利益，包括产品价值、服务价值、人员价值和形象价值；整体顾客成本包括货币价格、时间成本、体力成本和精神成本。

让渡价值非常好地反映了销售方对于顾客的附加价值，所以，采购方都在下意识地通过对让渡价值的比较进行采购决策。

需要提醒的是：不同客户对于价值的认识和重视程度是有显著差别的，所以需要根据各层次客户对我们提供的价值进行适当评价。

3. 从使用价值迈上让渡价值

显然，使用价值主要满足的是客户的生理需求，而服务价值、人员价值和形象价值满足的则是客户的心理需求。除了客户支付的货币成本，企业还需要关注客户在采购过程中付出的时间成本、体力成本和精神成本。

也就是说，企业不仅要着力创造价值，还必须关注客户在购买产品和服务中所倾注的全部成本。

★卓越实践 1

柳屋（株）：成为对客户不可或缺的存在

位于日本山口县宇部市的柳屋株式会社〔以下简称“柳屋（株）”〕是一家典型的日本小微企业。1916 年，柳屋元助创立柳屋鱼糕店，开创了日本的鱼糕制造业。

创业转型：从食品小店到食品机械

1932 年，为了解决鱼肉研磨的效率问题，柳屋元助依靠和助手共同开发的一套小装置成功实现机械化，这个“意外成功”激活了柳屋元助的“机械心”，他果断开设柳屋铁工所，食品小店进入食品机械制造行业。

由食品小店起家，创业至今已近 100 年，柳屋（株）如今的主业是食品加工机械的设计、生产和销售，涵盖水产品熬炼加工机械、豆腐机和海苔加工设备等。除此之外，还可以根据客户需求研发制造与生物和化学相关的特种机械。

1957 年，创业者柳屋元助逝世，其子柳屋幸雄接任总经理（社长），伴随着横滨营业所开设、工厂迁至西宇部、大阪营业所开业；1985 年，柳屋铁工所成功上市，蜕变为柳屋（株），现任总经理为柳屋芳雄。

历经四代传承、百年变迁，如今的柳屋（株）是一家资本金仅为 1 亿日元、年营业额 29 亿日元（2010 年 3 月数据）、员工 151 人的中小企业。

隐形冠军：蟹风味鱼糕制造机全球市场占有率 70%

柳屋（株）的设备独具特色，特别是蟹风味鱼糕制造机出口 16 个国家，全球市场占有率高达 70%。

宝剑锋从磨砺出。1975 年，第三任总经理柳屋芳夫上任，当时的柳屋（株）仅仅是在山口县市场占有率 20% 的小微企业。为了企业的生存和发展，柳屋芳夫用 5 年时间访问了全国的鱼肉加工公司，听取客户对柳屋产品的意见，据此进行改进。

客户说柳屋的设备价格过高，这说明我们通过努力可以有更大的市场空间；客户反馈柳屋的设备不好维修，我们要通过提高服务力进行弥补；客户评价柳屋的设备性能不好，说明如果我们制造出好的设备就能扩大销售……柳屋芳夫把客户口碑视如珍宝，针对客户“差评”一一改进，逐步确立了自己的产品开发和企业经营思路：

· 做谁都不做的事情；

· 成为“不是这家公司就不行”的公司；

· 完全通晓客户的工作和自己的工作；

· 向客户提出先人一步的提案。

1979 年，柳屋芳夫亲自主导开发的全新蟹肉棒制造机推向市场，一炮打响，受到众多食品加工厂的追捧，并逐步走向全球市场。伴随柳屋设备走向海外，日本独创的蟹风味鱼糕也成为各国人民的餐桌美食。

据相关市场调查数据显示，1989 年全球蟹肉棒制造机的市场容量为 15 万吨，其中日本为 5 万吨，占了三分之一；2012 年全球蟹肉棒制造机的市场容量扩大到 50 万吨，其中日本仍然为 5 万吨，而美国 8 万吨、立陶宛 8 万吨、法国 5 万吨、泰国 4.5 万吨、俄罗斯 4.1 万吨、中国 4 万吨、西班牙 1.5 万吨、白俄罗斯 1.3 万吨……近三十年来，在这样一个全球细分市场，柳屋（株）的市场占有率一直居高不下，目前稳占 70%。

无私忘我：产品如孩子，客户是至亲

2011年3月11日，日本东北部海域发生里氏9.0级地震并引发海啸，造成重大人员伤亡和财产损失。柳屋（株）在日本东北三陆海岸有120家客户，因为海啸，设备被海水、泥巴覆盖而无法操作；从仙台营业所开始的道路也到处断裂，仙台营业所的所长和员工于是骑着自行车拜访客户，调查受灾情况，为客户提供帮助。

当时，总经理柳屋芳雄向全体员工表示：柳屋（株）制造的机械设备就像我们自己的孩子，孩子遇到了困难，父母鼎力相助是理所应当的，在关乎客户生存的紧要关头，柳屋（株）不收取任何修理费用。

灾难中救助，免费维修，帮助客户渡过难关。柳屋（株）的这一举措深深打动了120家客户，柳屋（株）的口碑再次在民间流传。

受此次灾情的冲击，柳屋芳雄又一次陷入思考：应该开发一套清洗作业简单、非专业人员也能清洗的设备。如果这一设想在设计上能实现，就会极大地缩短设备修理的时间。

小微企业立足全球市场：技术创新引领行业之先

柳屋（株）非常清楚：要成为“不是这家公司就不行”的公司，技术领先是关键。

“完全通晓客户的工作和自己的工作”“做谁都不做的事情”“向客户提出先人一步的提案”，这些柳屋（株）的金规铁律，是活生生的营销战略和研发战略。

柳屋（株）非常重视知识产权的开发，除了陆续超过保护期限的失效专利，目前柳屋（株）拥有19项发明专利，另外还有18项在审批过程中；拥有实用新型专利2项，商标8项。

百年草根：隐形冠军的“隐形”之道和“冠军”之道

亿元年营收、百名员工、百年企业、四代传承。2014 年，柳屋（株）被日本经济产业省评选为全国 100 家“国际利基领军企业”。

“不是柳屋的设备就不行”——要成为让客户这样说的企业。聚焦细分市场，为小众目标客户服务，独门绝技、潜心经营，在全球缝隙市场中持续取得绝对高的市场占有率，柳屋（株）是不折不扣的隐形冠军。

成为对客户不可或缺的存在。百年企业柳屋（株）的实践再次证明：从获得客户的信任到建立企业的信用，直至得到客户的信赖，这都基于长期兑现性记忆的沉淀。

唯如此，草根企业、小微品牌才有未来。

★卓越实践 2 / 东光舍：通过绝不妥协的产品制造获得信用

说起东光舍株式会社（以下简称“东光舍”），很多人都不知道，说起鸡牌剪刀，却是世界各国专业美容师的手头利器和心头之爱。

小小剪刀，匠心独具

1917 年，井上丰作在日本东京创立东光舍，专门为美容师和美发师生产专用剪刀。鸡牌是东光舍剪刀 1921 年推出的图形商标（见图 2.3）。凭着对工匠手工加工技艺的执着，东光舍力求通过产品降低美容师的手的负担，确保所设计的剪刀持续一个月以上保持锋利。鸡牌剪刀有 2 个刀刃，使用者可以通过螺丝随心所欲地进行调整。

“通过绝不妥协的产品制造来获得信用。”这是东光舍矢志不渝的经营原则。

东光舍坚守手工加工的制造特色，通过工匠老手的手腕和感觉能够实现 1/1000 毫米的精度。凭借机械绝对不能实现的手工绝活儿，鸡牌剪刀获得了美容师、美发师极大的信赖。久而久之，人们记住了“鸡牌”，反倒忘记了“东光舍”。

图 2.3　东光舍剪刀的品牌商标

一如蒲公英飘飘，“鸡”飞遍全球

东光舍就是这样默默耕耘在日本本土市场。一个偶然的机会，鸡牌剪刀开始行销天下。

有一年，一位日本美发师带着鸡牌剪刀去伦敦沙宣发型设计学校学习，学校的老师们一用鸡牌剪刀就爱上了，纷纷让日本美发师代购，鸡牌剪刀在沙宣学校流行起来。伴随世界各地来伦敦沙宣学校学习的美发师，鸡牌剪刀开始在全世界流行。

1975 年，东光舍对品牌进行了再造，使用更加国际化的“jOEWELL”作为品牌 VI，考虑到世界各地老客户对鸡牌的认知和喜爱，东光舍在产品上仍然保留了鸡的图形，众多拥趸仍然用“鸡牌”称呼东光舍剪刀。

1977 年，也就是东光舍创业 60 年之后，东光舍在伦敦开设了第一家代理店；1978 年，东光舍开设美国洛杉矶分公司。小小的东光舍就像一朵朵蒲公英，随风飘向世界各个角落。目前，东光舍在全球 58 个国家有正式代理店。东光舍是日本小微企业国际化的代表企业之一。

百年坚守，匠心如一

东光舍坚持手工制造工艺，重视工匠技艺的代代传承，并不断推陈出新，用匠人的匠心、匠艺和匠才，将产品和服务做到极致。

“老手的手腕和感觉是机器替代不了的。”曾经有德国刃具制造中心索林根的刀具老字号企业前来日本，希望与东光舍合作，被东光舍拒绝了，原因是制造方针不同——德国企业采用机械生产，东光舍坚持手工制作。

一代代日本匠人的技艺传承，延续着东光舍的产品品质。2015 年，董事总经理井上研四司撰写的论文《美容美发及医疗用剪刀的剪夹动作关联研究》获得日本设计工学会的年度论文奖。在东光舍岩手工场，36 名员工中有 3 人是获得国家表彰的技术者并被授予“现代名匠”紫带奖章，有 2 人获得文科省的创意巧工功劳奖。多年来，东光舍工匠获得的国家级奖项不胜枚举。

小而美、小而精的日本草根企业

就是这样一家独具特色的日本企业，近百年来却一直保持着小微规模，2015 年 4 月，其资本金为 1200 万日元（约 60 万元人民币），年销售额 8 亿日元，员工仅为 50 人。

对比不少中国企业一做就大、一大就乱、一乱就死的现实，Only 1 追求独特的、有品位的、绝无仅有的企业定位，始终将掌握核心技术放在第一位，始终将企业控制在适度的规模，不盲目做大，虽然在绝对规模上并不大，但在每一个细分领域、局部市场上却拥有相当高的占有率和举足轻重的行业地位，是名副其实的隐形冠军。

东光舍就是这样，低调务实、沉静经营，没有大富大贵，却乐在其中、行遍天下——如今，东光舍也算是不折不扣的国际化企业了。这种“以小为美”的审美意识，渗透在日本众多小微企业的历史记忆中，绵延不绝。

全球化、无差别的售后服务

“保证对您已经购买的东光舍产品承担责任。”东光舍为所有产品颁发产品护照，为客户购买的所有东光舍产品提供免费修理服务。需修理的产品到达工场后，应在工作时间 4 小时内完成修理并寄出。

东光舍还在全球开设了若干签到诊所，为客户提供剪刀的研磨、修理和调整等服务，有免费修理和付费修理两种，不仅是东光舍的产品，其他公司的剪刀也可以在东光舍剪刀诊所得到善待。修理一把右手用全长 15 厘米以上的剪刀，收费仅 3300 日元。

隐形冠军的“隐形”术和“冠军”术

和中国的大多数创业者不同，日本中小企业的创始人大多执着于自己独特的技术或技能，他们始终如一地在某一领域潜心钻研、精耕细作，在核心技术的某个环节不断积累，进而实现了技术和应用的突破，走在了世界的最前沿，颠覆了“大企业高附加价值、小企业低附加价值”的传统规律。

旅日华人丁可博士在《日本强大的基础——匠人文化、职人气质》一文中介绍说：日本经济产业省每年都要评选“最有活力的中小制造业企业 300 强”。2007 年的名单显示，300 强中，单个产品在全球市场占有很高份额的有 54 家，在日本市场独占鳌头的高达 109 家。从这 300 强的行业分布看，零部件企业 84 家，机械制造企业 77 家，精密加工企业 52 家，仅这三个领域就占据了 2/3 强。这些企业都默默无闻，却在各自的行业里拥有不可替代的地位。很显然，日本的中小企业既不同于硅谷，也不同于瑞士或意大利，这些中小企业的主角，是一大群拥有精湛加工技艺的隐形冠军。

东光舍、鸡牌剪刀，为中国企业的小微品牌建设提供了绝佳标本。

明证：信用力奠定品牌效应

无私忘我的行动差异化

不管怎么说，客户与企业接触，最直接接触的是代表企业的员工。员工是企业的化身，产品是企业的载体。

显然，人是有温度的。企业员工与客户接触时的一系列表现（言行），客户不会认为那只是员工的个人行为，而是认为那代表了企业。

有温度的“人”和没有温度的“产品”对比，员工的行动代表了企业的人文关怀，客户通过企业的行动差异化在心底感知企业。

企业文化与战略专家陈春花教授说：“营销本身就是行动而非概念。”营销概念、卖点和营销思想都不是营销最核心的部分，营销最核心的部分是营销执行，亦即营销行动。营销人员不是思想者而是行动者，承担着职业所必须承担的角色，必须是一个充满理想而又脚踏实地的人，必须是一个热爱思考而又身体力行的人，必须是一个面对现实帮助客户解决问题的人。

成交之前的员工行为，旨在让客户安心，作为可信、可靠的兑现性认同；成交之后的使用体验和员工行为，旨在为客户创造好的兑现性记忆，形成信赖和依靠。

因此，无私忘我地为客户着想，不顾一切地为客户考虑，才能取得客户的信任。日语中有“一生悬命”一词，意在表示全力以赴地行动。

用心灵能够感知真诚。员工只有在其职务行为中去除功利心，平实说话、踏实做事，真诚为客户考虑，从心灵深处打动客户，才能获得客户的接纳——客户接纳了员工，进而才能接纳产品和企业。

★卓越实践 3

电化山口："一生悬命"为客户着想

一家小小门店，月均销售额高达 1 亿日元（约合 500 万元人民币），位于日本东京都町田市的电化山口销售店（以下简称“电化山口店”）就是这样一家名不见经传的特色小店。

只要接到客户联系就马上拜访

电化山口的门店上有一个广告牌，上面有一句宣传语写的是“山口将‘噔’的一声飞奔而去”，意思是：一旦客户召唤，山口店员将立刻飞奔而去。

这个门店的行动方针是：一旦客户召唤，必须立即采取行动。在日本全国采取同样做法的店铺不计其数，但这家店铺略有不同。

从上门修理家电起步

电化山口店创立于东京奥运会举办的次年——1965 年，社长（总经理）山口勉曾经在大电机制造企业工作。以奥运会为契机，彩电开始普及，空调和汽车的普及也是从这个时候真正开始的。当时，消费者最想购买的产品排名前三位的分别是car（汽车），color TV（彩电）和cooler（空调）这 3C，当时被称为“三大新神器”。

山口勉最初的时候连开店的资金都没有，其创业是从走家串户的家电修理起步的。

客户联络就是机会

山口勉近乎顽固地认为：客户与我们联络，包括投诉在内，都是给我们机会。当客户提出“冰箱不好用了，快来一下”“我想换荧光灯，来帮帮我”之类的要求时，负责人员应立即飞奔而去。“我想移动家具打扫一下，请来帮帮我”“院子里的树枝长长了，我想剪掉，请来帮我修剪一下”“我的脚受伤了，想去买东西，帮我去超市买点肉和蔬菜吧”，这样的客户要求也要欣然答应。除零部件与产品的销售外，电化山口店的其他服务一律免费。

在日本，只要客户有要求，立即飞奔而去的店铺为数不少，但对家电产品以外、本职业务以外的要求也欣然答应、“噔”的一声飞奔而去的店铺却只有电化山口店。

不要求高效率做生意

电化山口店是典型的日本家族小店，员工有 40 人，其固定客户大多数都是老年人，其中又有很多是独居的老人。很多老年人自己不能换荧光灯、不会清洗空调过滤器，山口勉认为提供非本职工作的服务也是为客户排忧解难。

几乎所有电化山口的员工都在外面做销售。山口勉并不追求高效率做生意，却会要求销售员与客户保持密切沟通，即使没有商务洽谈，也可以与客户坐上半个小时聊聊天，这样坚持下来的结果就是：电化山口店 80% 以上的销售收入都是外访销售员获得的。

从混搭销售店转变为松下品牌专卖店

电化山口店自 1965 年创业至 1996 年，30 年间都不是某个品牌的连锁专卖店，而是经营多种品牌、实行混搭销售的地区大型店。对于要求低价产品的客户，店员会推销三洋和夏普等进货价格低廉的产品，而对于要求高质量和可靠性的客户，店员则会向其推销松下和日立品牌。

到了 20 世纪 90 年代，随着家电量贩店在日本全国的展开，电化山口店附近新开设了 3 家大型家电卖场，山口店因而被卷入与量贩店的价格竞争中，其经营一下子陷入困境。1996 年，山口勉制定了每年利润增加 1% 的目标，决心成为日本第一的松下专卖店——如果成为日本排名第一的专卖店，光靠返点奖金等也能提高利润，销售赞助也会增加，还能获得更多的产品信息。

从那时起，电化山口店开始提供量贩店无法提供的服务，销售形态取得了不断发展和进步。

无私忘我的行动差异化

只要有客户来电，员工就“噔”的一声飞奔而去。山口勉告诫员工：“这种态度不能带有任何企图，如果不是真正心甘情愿地提供服务，总会被客户识破。”

“一生悬命为客户着想，才能真正感动客户。”“一生悬命”这个词是对日本中世纪武士拼死守卫祖先领地的描述，如今对电化山口店而言，则表示以拼死决心达到目标的行动。

“这样的事情也帮我做吗？！”电化山口店这种真正为客户着想的行动表现出极大的差异化，赢得了客户的感动，得到客户接纳。把客户当亲人、无欲无求的彻底服务态度使客户感到，“即使稍贵一点，也要从电化山口店购买”。

行动差异化创造兑现性记忆，沉淀客户忠诚和口碑传播。

品牌的核心是信用力，不为差异化而差异化，不为感动客户而感动客户。草根企业通过无私忘我的行动，在客户端创造卓越的兑现性记忆。电化山口店的卓越实践，为中国草根企业的小微品牌建设提供了可以借鉴的路径。

选择目标市场的标杆客户

并不是所有的客户都是上帝，目标客户才是上帝。企业的市场定位非常关键，包括客户群体定位、市场层次定位和市场地域定位。

1. 市场定位：明确目标客户

客户群体定位需要企业界定目标客户群的属性。以服装企业为例，应界定客户的性别、年龄、家庭收入、学历水平等，据此分析目标客户群的消费偏好。如某童装品牌以 3 ~ 7 岁的中小童为目标客户群，其父母年龄为 25 ~ 40 岁，家庭年收入 10 万元左右；再以五金加工企业为例，是为空调行业、汽车行业还是高铁制造行业做钣金配套，其进入门槛不同，对技术和服务的要求也不同。

市场层次定位是指企业定位做顶级市场（顶级客户群）、高端市场（高端客户群）、中端市场（中端客户群）还是低端市场（低端客户群）。所谓的低端市场还是高端市场，是由客户对价格的敏感度决定的，低端市场是典型的价格敏感型市场，越往高端走对价格越不敏感，当客户对价格不敏感的时候，一定要把握好客户的敏感要素（买点），这样才能让客户买单并满意。因此，市场层次定位的直接表现就是产品价格，以乘用车（小轿车）为例，普遍认为的市场层次为：价格 10 万元以内为低端市场，10 万 ~ 20 万元区间为中端市场，20 万 ~ 50 万元为高端市场，50 万元以上为顶级市场。

市场地域定位就是企业目标客户的地理分布，分区域市场、全国市场和国际市场。显然，市场地域越广，对企业跨文化客户的理解要求越高。

企业做好市场定位之后，需要在目标市场选定标杆性的客户建立成功案例——必须是在目标客户群中进入门槛高、占据行业性领导地位、具备行业影响力的客户，借助其品牌影响力创建示范作用：如果能与标杆客户合作，即是通过了其严格审核、具备了相应实力，由此建立的信任会转移至其他企业。

2.高标准严要求拉动自身成长

基于清晰的市场定位，企业要敢于选择高标准、严要求的标杆客户，虽然进入门槛高，却可以拉动企业成长，获取口碑、实现传播，利用标杆客户在目标市场的信用力、影响力和传播力，实现信任转移、激发未来机会。

3.总经理的个人信用代表企业信用

在企业和客户尚未成交前，需要依靠总经理的个人信用取得客户信赖，因为总经理是企业的化身，当没有成交业绩的兑现性记忆来建立信用的时候，就只能依靠总经理的个人魅力。

前面提到过的那家日本并不知名却活得很滋润的顾问公司对信用还有这样的理解：

形成信用的要素有遵守交期、遵守约定、保证品质、尽责任……虽然还有很多，但最重要的是“社长”个人的信用，因为：社长＝公司。

社长没有信用，公司和公司的事业就不会得到信任。社长的考虑方法和行动，就是公司的体质。

就算是拥有优秀的商品或服务、优秀的技术和技能，如果其他公司提供了优秀的商品或服务，就会被换掉。如果是同等的服务，就会通过价格一决胜负。

继续学习经营，继续磨炼产品和服务，构建对应体制，积累技术和技能，这是理所当然要去做的事情。进而持续磨炼自己，这对“社长”来说是很重要的。

因此，总经理在对待客户的行动上首先要无私忘我、“一生悬命”，取得客户的兑现性认同和足够的信任，让客户愿意把机会留给本企业。

由此可知，总经理的重要职责除了企业的日常经营，一个重要的方面就是重点客户关系的建设和重点供应商合作关系的建设。

创造标杆客户案例

经由开发标杆客户的过程拉动自身成长，建设他人一看就能信任的信用力。五金加工企业在为华为配套，中国机器人公司在为波音公司提供系统解决方案，小微民营企业是中国战略导弹的供应商……看看吧，标杆客户案例对目标客户群有怎样的说服力：人们因为相信华为而相信那家五金加工企业，因为信赖波音公司而相信那家中国机器人公司，因为认可中国战略导弹的高水准而相信那家小微民营企业——因为他们都通过了严苛的考核，这就是信用的明证，也就是这些企业的信用力。

创造标杆客户案例是企业建立社会信用力的快速途径。那么，现在的问题是：如何与标杆客户成交？

1. 标杆客户凭什么相信你？靠总经理的行动差异化

总经理是公司的“化身”；采购人员是客户的“化身”，除此之外，技术总监、质量经理、生产员工等也都是客户的“化身”。素昧平生的客户“化身”凭什么给企业机会？首先是企业的“化身”要取得客户的信任，尤其是总经理，客户下意识地把总经理等同于其经营的公司，因此，总经理的言行举止就代表了企业。

总经理为客户着想的忘我行动，凭借热忱、自信、真诚和专业的个人魅力取得客户的信任，才能够获得第一次业务机会。

2. 主动营销：寻找切入机会

被动营销总是坐、等、靠，缺乏策略，单兵作战（个人英雄主义），凭经验野蛮生长，被动维护客户、轻市场拓展，不区分市场活动和销售行为。

变被动为主动，就要站在甲方的角度进行思考：心里有客户，嘴上有客户，凡事为客户着想，把乙方做成甲方；还要有明确的市场活动和销售行为，主动走近客户，主动挖掘需求，营销策略清晰，组织作战单元有力实施团队作战，以系统的解决方案训练有素地为客户创造迷人品质。

通常来说，精准的目标客户确定了，就要找到与之成交的机会。百闻不如一见，见面三分亲，见面三分情，拜访客户是营销的必修课，不论是陌生拜访，还是老客户拜访，与客户面谈是营销成功的关键。抛开一切自我束缚，寻找恰当的时机与客户见面，是主动营销的重要一环。

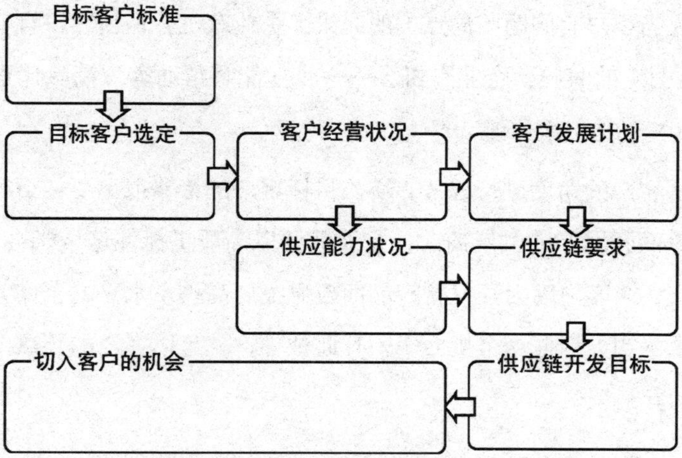

图 2.4 目标客户的切入机会分析

以总经理为首，通过与客户的交流，全面把握客户信息，全面分析客户需求，把客户的事当自己的事，寻找为客户服务的机会（见图 2.4）。

3. 策略性地切入标杆客户

需要提醒的是：不是因为我们的产品好，客户就一定会与我们合作。试想：客户现在做得好好的，为什么要开发新的供应商呢？一定有其需求。这个需求，可能来源于客户的“痛点”，也可能来源于客户的“兴奋点”。

所谓的“痛点”，是指目前影响客户经营的问题，例如：现有供应商质量问题，缺货成本高，交期过长，产能不满足，成本（采购价格）过高，技术不满足，应变太慢，服务不到位，缺乏创新，审美疲劳，等等。当这些痛点让客户无法容忍时，就会有人出来倡导开发新的供应商。

所谓的“兴奋点”，是指客户有面向未来的发展蓝图，有梦想、有追求，不只是为了眼前，更是着眼长远，例如：扩大生产（产能）计划，追求卓越绩效——提升质量（Q）、降低成本（C）提高性价比、缩短交期快速服务（D）、追求更高的环境健康安全管理水平（EHS）、提高响应速度（柔性F），开发新产品满足市场，主动的战略转型，实施市场渗透、多元化或国际化战略，等等。

总之，当客户有问题（痛点）的时候，企业有机会；当客户有梦想（兴奋点/发展蓝图）的时候，企业有机会——企业能够帮助客户消除痛点、激发兴奋点，为客户创造经营价值。

一切从客户的角度进行思考。切入目标客户的策略很重要：当客户急于提升采购质量而开发新的供应商时，企业就要以高质量抓住这个机会切入客户，与客户成交；当客户因为开发新产品而要寻找更高技术水平的合作方时，企业就要凭借技术实力抓住这个机会……凡此种种，就是以客户的买点作为企业开发该客户的营销策略。

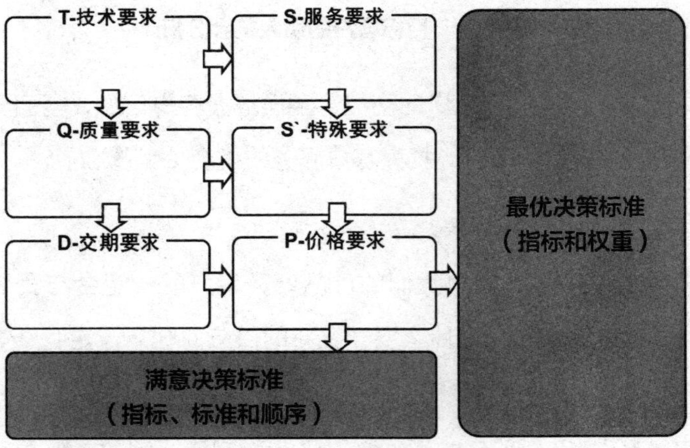

图 2.5　客户采购决策标准分析

根据镜面原理，制定营销策略其实就是分析客户的采购决策标准。通常来说，客户的采购决策标准是系统的而非单一的（见图 2.5），多个决策标准中有顺序、有权重。

以B2B（企业对企业的业务合作）为例：客户选择供应商首先考虑的是技术要求（T）能否满足，如果可以满足，将既定的技术要求确定为合作条件，就转化为质量要求（Q），再考虑服务要求（S）、特殊要求（S`）和交期要求（D），在上述要求都能满足的前提下，最后才是谈价格（P）。这就是一般的采购决策标准的顺序。

表现在不同的采购决策情形（机会），由于客户的需求重心不同，每个决策标准的权重也不一样，例如：当现有供应商因特殊原因突然不能及时供货时，客户向送样合格、初步审核符合资质但未正式合作的供应商（企业）紧急商量下单事宜——前提是在48小时内交货，这样的切入机会就是“救场”，此时采购需求的重心是快速供货，因此采购决策标准的权重是：交期（D）权重最高，而价格（P）的权重并非第一，当然也并不是说技术要求（T）和质量要求（Q）不重要，而是基于满足技术要求和质量标准的前提下，最重要的是交期（D），至于价格（P），不要高得离谱就行了。

也就是说，在上述采购情形中，客户的采购决策的标准顺序依然是：T→Q→S→S`→D→P，而其权重由高到低依次是D→P→Q→T→S→S`。

我们假设企业以紧急交货的实力切入了该客户，之后企业就和客户商谈，希望进入常态化合作，此时，客户的采购决策标准的权重就会发生变化：价格（P）权重变成最高，其次是质量（Q）（见表2.1），至于交期（D），只要满足要求就可以了。

突出客户的最大关注，将之作为企业抓住机会切入客户的策略，这就是策略性营销。客户最关注价格，企业就要突出价格优势，综合考虑其他；客户的需求重点在于技术，企业就要创造技术优势，抓住切入机会；客户要求低价，企业就要从总成本最低的角度提供价值方案……不但要在客户的需求重心上满足客户，还要在其他关联需求上全面满足客户甚至超越客户期待——为客户提供更高的让渡价值，客户才会满意。

表 2.1 客户采购决策标准分析表

采购决策标准	顺序	"救场"时决策权重	常态化合作时决策权重
技术要求（T）	1	10	10
质量要求（Q）	2	20	20
服务要求（S）	3	5	5
特殊要求（S`）	4	5	5
交期要求（D）	5	50	20
价格（P）	6	10	40
合计		100	100

4. 在客户端创造卓越绩效，建立优质兑现性记忆

显然，切入目标客户不容易，维持合作关系更为重要。建立客户黏性、延长客户生命周期是营销的最高追求，百年企业、百年客户，不离不弃，这得需要多深的功力！这就需要企业在客户端创造卓越绩效——在技术要求（T）、质量要求（Q）、采购总成本（C）、交期要求（D）、服务要求（S）、特殊要求（S'）和应变弹性（F）等方面，全面满足客户。

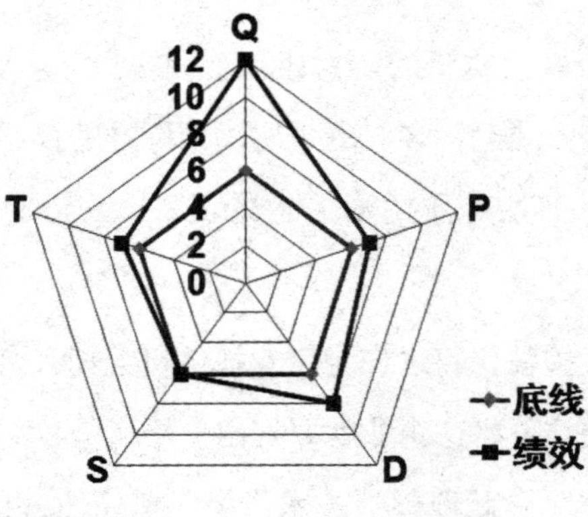

图 2.6 一专多能的客户端业务绩效

在客户端的绩效表现直接创造客户的兑现性记忆。创造卓越客户绩效的标志是：全部良好（达标以上），一定有一两项优势突出（见图 2.6）。

“这一家供应商虽然价格高但质量非常稳定。”就是因为质量非常稳定，所以才价格高。

“他们虽然交货不算快但技术超群，非常可靠。”可靠，交货期能满足要求，也可以得到机会。

“这家公司质量好、交货快，就是价格高了一点。”表面上是不满意，实际上满意。

“又想质量高，又想价格低，到哪里去找？”客户接受基于高质量的高价格。

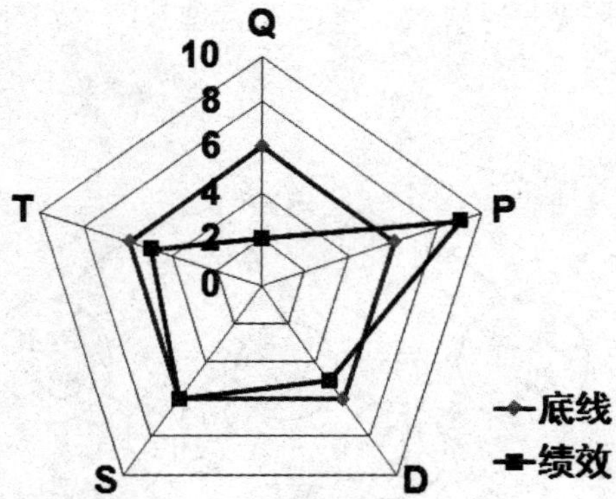

图 2.7 遭客户抛弃的供应商端业务绩效

反之，如果仅凭低价格打进客户，质量和交货却保证不了（见图 2.7），不论企业的公关手段多么厉害，最终还是会被客户抛弃。

“这一家虽然价格低，但是质量太烂，交期也没保证，虽然服务还可以，但是没有技术能力，老是要我们揩屁股。唉……”客户的采购决策单元绝非一个人，而会包括倡导者、决策者、执行者、使用者和影响者五种角色，任何一种角色的需求没有得到满足，都会使其成为采购的负面影响者。只有全面满足客户采购决策单元五种角色的不同需求，才能维持客户满意，稳固业务合作。

全面良好，一两项突出，这样才能凭借持续的出色合作业绩在客户端建立优秀的兑现性记忆，沉淀出在客户端的企业信用，最终成为企业的信用力。

5. 销/研/产全面缩短客户距离

在客户端创造卓越绩效，对企业提出了系统竞争力的要求：营销、研发和生产全面缩短与客户的距离，快速全面应对客户的要求，预见性地满足客户。

如果企业只有营销一个窗口对应客户，客户的不满意是必然的。以出现质量问题时的对应为例：[客户端]生产现场发现供应商质量问题→通知质量部门→通知采购部门→通知销售人员→[企业端]销售部门通知质量部门→通知生产部门→生产部门分析原因、寻找对策→质量部门确定处理方法→销售部门发现不能满足客户生产需要→通知PMC（生产管理部门）安排紧急生产换货……

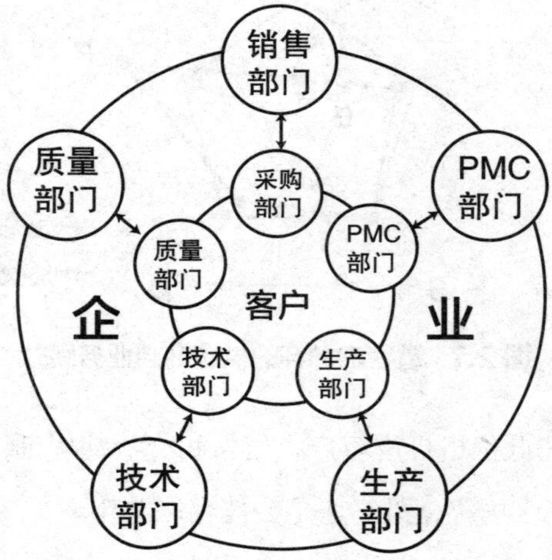

图 2.8　销 / 研 / 产全面缩短客户距离

如果企业的销/研/产能够一体化运作，全面缩短与客户的距离，就能够全面把握客户需求及其动态变化，快速全面满足客户。出现质量问题时：销售部门与采购部门快速联动、协调资源，质量部门与质量部门对口分析原因、落实对策，技术部门与技术部门提供技术支持，PMC部门与PMC部门瞬间对应生产保证（见图 2.8）。

建立全面应对客户的一体化运营机制，才能使生产、技术和质量等所有部门缩短与客户的距离。以客户需求为中心开展内部工作，强化市场意识、竞争意识和客户意识，从而跳出本位主义，从经营高度看待自己的工作，为客户创造优质的兑现性记忆——长期坚持下来，就会沉淀出客户对企业的品牌印象。

6.KANO 曲线指导企业创造高让渡价值，实现客户满意

兑现性记忆的本质就是创造客户满意。迷人品质使客户对企业形成购买黏性，从而建立客户对企业的忠诚度。

东京理工大学教授狩野纪昭和他的同事于 1979 年 10 月发表了《质量的保健因素和激励因素》一文，他们把客户满意的要素归纳成三大类：理所应当的品质、越多越好的品质和客户未敢期待的迷人品质，并据此开发出 KANO 曲线（见图 2.9）。

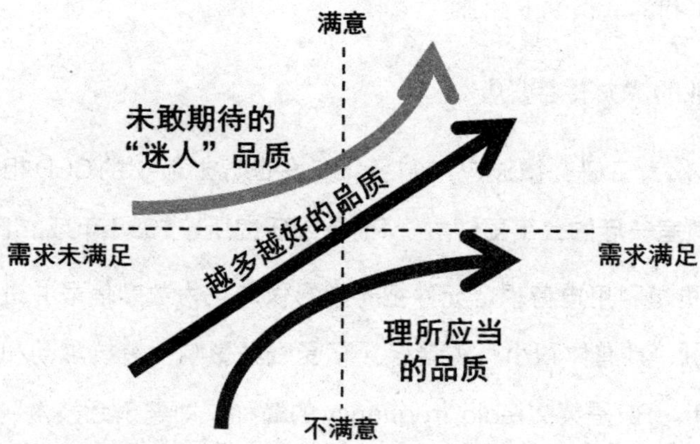

图 2.9 KANO 曲线与“迷人”品质设计

理所当然的品质：没有，客户会不满意；有，客户不会满意，只是不会不满意。越多越好的品质：没有，客户会不满意；有，客户会满意，而且越多越好。客户未敢期待的迷人品质：超越客户期待，令客户惊喜、感动的品质。

例如：汽车的安全性是理所当然的品质，汽车油耗低是越多越好的品质，汽车行驶时突遇暴雨，自动开灯、自动雨刮，而且雨越大刮得越快——这就是未敢期待的迷人品质，买汽车送德国游也是未敢期待的迷人品质（这当然必须在购车之后意外给予客户才算）。

运用KANO曲线进行质量策划和实现——做好理所应当的品质，提供越多越好的品质，创造令客户惊喜、感动、未敢期待的迷人品质——前者是必备基础，后两者是提高让渡价值、实现客户满意的关键。

★卓越实践4 / RF（株）：借为客户创新而获得信用

相比诸多百年以上的长寿企业，株式会社RF〔以下简称“RF（株）”〕在日本是不折不扣的新型创业企业。

公寓创业的“夫妻老婆店”

1993年，为了研究微波应用制品、开发世界上最小的CCD相机，丸山次郎和太太在两室一厅的公寓里创立了RF系统研究所，1998年成立RF（株）。

CCD相机是利用电荷耦合元件把光学影像转化为数字信号并进行传输、储存的特种相机，具有体积小、重量轻、不受磁场影响、有抗震动和撞击之特性而被广泛应用。RF是英文radio frequency的简称，即“射频技术”的意思。显然，这一对创业夫妇是典型的技术痴迷者。

需求拉动，客户是最好的老师

1996年，在美国的日籍牙医要求丸山次郎支持开发新产品：当时已经有口腔内使用的有线摄影机，但是很重，使用不方便，而且镜片模糊、画像不清楚、亮度不足，日籍牙医希望丸山次郎能开发出更好的小型无线相机。1997 年，丸山次郎开发出世界上最早的口腔用无线相机，这一相机成为当时美国牙医界的热门产品，在美国市场的占有率高达 80%。

由无线相机得到启发，RF（株）陆续开发出数字无线传感器和胶囊内视镜等医疗用设备，之后又开发出工业用无线传感器和内视镜，成为在CCD相机领域拥有超强技术力的企业，其产品价格是大企业的 1/10。

转战国内，障碍重重

墙内开花墙外香。在日本创业，开发出的产品热销美国，在国内却无人知晓。RF（株）决定拓展日本本土市场。

可是RF（株）没有销售途径，分销渠道也不知道RF（株）的产品。于是，RF（株）通过在牙科杂志做广告、向牙医直接发送邮件进行市场宣传，并向牙医诊所直接销售。这一举措受到来自日本的大型医疗器械公司的阻碍，他们给杂志社施加压力，牙科杂志被迫取消了RF（株）的产品广告。

有一家大型医疗器械公司找到RF(株)，希望以 70 万日元的价格请RF(株)代为贴牌生产，结果被RF（株）拒绝了。丸山次郎认为：22 万日元就能销售的产品，大公司凭什么要以超过 70 万日元的高价销售？！

自建渠道：RF（株）的独特销售手法

丸山次郎决定自建销售渠道进行直销。他们在全国主要城市开设了一定数量的体验场——不是直接销售的场所，而是好玩的地方，是家庭式的游乐场所，能够触摸产品、快乐体验的场所。

在日本，铁道迷数量众多，这些铁道运输爱好者研究人类铁路的历史和文化，关注世界铁道的运输发展，收藏火车和铁路模型，还组装迷你自动铁路系统并彼此竞赛。RF（株）独具创意：将无线相机安装在模型火车头上方，将模型火车运行时的“路途”景色传输到大的显示屏上——这一做法在日本消费者当中掀起一股时代潮流，由RF（株）制造并热销的搭载摄影机的铁道模型使RF（株）知名度大增。

宣传经营者——让世界知道经营者的思想

虽然是小微企业，创业者丸山次郎却是个高调的人，是有别于传统日本企业家风格的明星式总经理，他喜欢对外宣传，做报告、发表文章、出书，他甚至开设了自己的个人网页，宣传自己的经营主张。

“聚集了精英的大企业的大研究所，实际上缺乏想法的人是很多的。因此，没有什么好害怕的。”

“大部分人在决定胜负之前，就因抱有‘反正即使竞争也没有胜算’这样的想法而失败。”

“外行的想法最有效！”

“公司不需要没有热情的人！”

“年轻但思想老化的人不要！”

“研究成果不是投资金额的大小决定的，而是每位研究者的梦想和热情决定的。”

“技术者也要具备经营常识！”

丸山次郎虽然为人高调，说的却句句是大实话，见解独到、字字珠玑，因此在日本和美国拥有大量粉丝。

草根创业的小微隐形冠军

借助自创的销售模式和直销手法，加上创业者丸山次郎的粉丝营销，本土企业RF（株）成功由美国市场拓展到日本市场。经过20多年的耕耘，目前RF（株）在牙科用口腔相机领域占有全球80% 的市场份额，其数字无线传感器在日本国内市场占有率为60%，口腔用无线相机在日本国内的普及率目前是20%左右——其中90%使用的是RF（株）的产品。

根据2012年5月公布的数据显示：RF（株）资本金为17.8亿日元，年销售额为110亿日元，员工350人——虽是典型的小微企业，却是名副其实的世界隐形冠军。

新型创业企业的品牌实践，改变了人们对日本企业的传统印象。原来，日本企业并非都是传说中的循规蹈矩，创新经营也是其与时俱进的不二路径。

★卓越实践5／湖北工业：凭借独特的制造技术获得客户信赖

作为容纳电荷的重要元件，电容器被广泛应用于各种电子产品，而电容器上的两个小小的导电端子，可谓重要又微不足道。小端子也可以做出大事业。在日本电容器行业，铝电解电容用导电端子的生产厂家湖北工业株式会社（以下简称“湖北工业”）是这一领域的世界第一。

加工的关键在于制造技术

1959年，现任董事长（会长）石井庄治郎原本和胞兄一起在东京从事端子的相关工作，对接以电容器为中心的ELAN株式会社滋贺事业所的订单。期间，在滋贺县伊香郡高月町，他们创立了湖北工业株式会社。

创业之时，石井庄治郎预测到电气化产品将越来越普及，而铝电解电容用导电端子作为必需原件，将会有大量需求，他从中看到商机，确定公司专门从事铝电解电容用导电端子的制造和销售，并开始为端子的量产准备工厂设备和工艺。

石井庄治郎认为：自己做的小端子本身并没有什么高技术含量，端子加工靠的是制造技术，因此，湖北工业应该在制造技术上下苦功。

制造技术也可以成为竞争力

为积累技术经验、防止技术流出，湖北工业所有的设备和工艺、工装都要自主开发——这是石井庄治郎制定的开发战略。这一举措使得湖北工业逐步形成了独特的制造技术，而这也成为其竞争力的源泉。湖北工业的端子事业逐步扩大。

湖北工业加工导电端子的铝线纯度是99.92%，加工精度可以达到微米级，切断—熔化成型—焊接—冲压—清洗—表面处理，小小端子要达到优异的技术性能，每一个工艺环节都必须精益求精。湖北工业生产的端子有3种焊接形状、3种冲压形状，依靠自主开发设计的独特设备，可以做到从焊接前工序—位置确认—电阻焊—压装成形4个工序在0.2秒内完成，月度产能达到40亿片。

小端子，大事业

以100%自主开发的高效率自动设备为武器，1987年湖北工业在新加坡设立子公司，之后又在马来西亚和中国分别设立子公司。目前，湖北工业的资本金为5000万日元（约合250万元人民币），2014年的销售额为84亿日元（约合4亿元人民币），全球员工1042人，其中日本本土员工仅116人。这家1959年创立的小公司，目前，其电解电容用导电端子在全球市场的占有率是40%。

以独特的自主工艺及设备开发作为竞争力的原点，由于持续进行高速生产设备的自主开发，湖北工业虽然在创业时是普通小公司，却形成了竞争对手无法追赶的高技术能力。

第二代接班：将光通信线缆关联的部品技术作为下一代经营主业

从1959年创业以来，湖北工业一心不二,一直在生产电气产品不可或缺的铝电解电容用的导电端子。2000年，在新的经营方针指导下，湖北工业利用在主业积累的精密加工的技术经验，进军光通信产品制造领域，开始开发高附加值的产品，包括将两根光纤高精度连接的部品、将光纤连接固定在芯片上的纤维、将多根光纤按一定间隔高精度排列的纤维部品等，这些外行人难以看懂的元件，由于制造难度极高，非一般企业所能企及。

第二代经营者、董事总经理石井太的思路非常明确：开拓特别的利基市场，成为全球独一无二的企业。他认为：如果不是扎根市场门槛高、技术难度大的领域，日本制造将难以生存。

40年做一种产品，40年之后启动第二种产品。石井太通过对网络时代的未来预测，掌舵湖北工业，开拓光通信事业，创造出企业发展的无限可能。

信用构建：研究成果在专业学会积极发表

为了实现事业的可持续发展、加强竞争力，湖北工业积极参与面向未来的技术开发。石井太认为，在不远的将来，关于高分子电容器和电动汽车所必需的超级电容器的开发竞争一定会到来，与之相对应的导线端子的开发也是面向未来的课题。

“着眼于未来的技术研究，才能成就今天通向世界only 1的企业。”石井太说。凭借创业以来积累的精密技术的坚实基础，湖北工业成功进入光通信领域。

2002年，运用纳米技术，用玻璃制造出最先进的新材料“纳米玻璃”的技术开发作为日本的国家项目开始启动，京都大学的平尾一之教授担任项目领袖，湖北工业作为光通信领域的优秀协作企业被选为该项目成员，也是参与其中的两家中小新型企业之一；湖北工业派遣了取得博士学位的技术主任到研究项目所在的筑波市，参与“下一代光通信领域的基础研究”。

凭借独特的制造技术获得客户信赖的湖北工业如今涉及铝电解电容用导电端子、光通信线缆关联部品、石英玻璃小型部品和微型反应堆等领域，正往多元化方向发展。

为了获得在新事业领域的信用力，湖北工业在全力推进技术开发的同时，积极将研究成果在专业学会上进行分享。湖北工业的技术专家们活跃在日本和世界相关技术领域的舞台，赢得了诸多高新技术核心企业的信赖。

沉淀：客户就是公司财产

企业长期经营留给客户的兑现性记忆是其企业文化的反映。

因此，主动将企业文化融入产品是提高产品吸引力和生命力的关键。陈春花教授在《经营的本质》一书中说：从许多成功的产品和品牌我们看到，当一种产品或一个品牌融入某种文化内涵时，产品的生命力和品牌的影响力就会像文化一样长远流传。在一个新技术浪潮蓬勃发展的时代，文化营销以其独特的渗透性、长远的影响力，在营销实践中发挥着巨大的价值。

企业的目标客户群为企业创造四种价值

有人说：开发一个新客户的成本是维护一个老客户的27倍。也有人说：开发十个新客户，不如维护好一个老客户。可见维持客户关系对于企业的意义。

武汉大学经管学院的汪涛教授说：利润的源泉是客户，企业最重要的资产是顾客。企业的目标客户群为企业创造四种价值，即购买价值、口碑价值、知识价值、交易价值。

客户基于对产品和服务的满意，从单次购买到多次购买，逐步形成终身购买价值。客户的满意转化成口碑，忠实的客户不但购买企业的产品，而且为企业做广告口碑，口碑传播能对企业的销售提升产生精准效果。

客户将产品的使用体验反馈给企业，帮助企业发现产品不足，企业借此改进产品和服务、提高质量，这就是客户为企业创造的知识价值。

顾客的交易价值体现在从单一产品到全线产品的重复购买行为（对内交易价值）和关联采购行为带来的额外价值（对外交易价值）。

信用明证：客户案例可视化

已经成交的客户是企业值得展示的鲜活案例。虽然成交了，客户却不满意，这样的事情经常发生，一定要尽全力避免，因为失败的客户案例也会在市场环境中产生自然的负面影响。因此，努力让每一个客户满意是有效营销的第一目标。

将客户案例可视化是企业信用证明的第一手材料，企业以此向目标客户说明，可以更快地取得未来客户的信任，增加成交的概率。

客户案例可视化的形式有宣传册、视频、电子版文档、单张印刷材料、产品实物和案例文章等。客户案例可视化的途径有企业网站、公开出版物、微信和展会等。

活用客户信息，创造重复机会

一个人做一件好事并不难，难的是一辈子做好事。从一次客户满意到客户持续满意，才能建立稳固的客户关系，进而不断创造重复成交的机会。

1. 客户生命周期需求管理

百年企业，百年客户，这是企业可持续经营追求的目标。显然，对企业来说，客户也是有生命周期的。

所谓客户生命周期，是从一个客户开始对企业进行了解或企业欲对某一客户进行开发开始，直到客户与企业的业务关系完全终止且与之相关的事宜完全处理完毕的时间。客户生命周期越长，说明客户黏性越高。通过经营努力，延长客户的生命周期，有利于企业资源效益最大化。

因此，为了提高客户的生命周期，企业应由以产品为中心的营销转向以客户为中心的营销，全面把握客户需求，为客户提供整体解决方案；同时做好客户的动态需求管理，企业的产品和服务随时代进化，与时俱进地满足客户的需求——企业经营创新随客户需求和时代进步而行。

2. 客户数据活用

客户是企业的资产。这个资产是“活的”资产，而非“死的”资产，因此一定要活用，客户资产才能增值。

建立客户数据库是活用客户资产的重要一步。客户数据库是企业最重要的数据中心之一，记录企业在市场营销与销售过程中和客户发生的各种交互行为，以及各类有关活动的状态，提供各类数据模型，为后期的分析和决策提供支持。利用客户数据管理软件，或者导入客户关系管理（CRM）系统是网络化时代的必经之路。利用IT手段、培养IT化的营销习惯，可以更好地与客户互动、动态满足客户需求，还可以消除传统营销当中业务员离职带走客户的被动现象。

3. 常态化客户互动

俗话说“越走越亲”，意思是人与人之间的往来多了，会越来越亲近、越来越亲切，彼此的感情也就越深。与客户保持常态化互动，才能与客户“越走越亲”。

不论是对已经成交的客户，还是对尚未成交的目标客户，常态化互动是必需的营销方式，这种互动不限于简单的产品推广、企业动态和信息传播，还包括行业态势、技术前沿和人文关怀。

常态化客户互动的方式很多，在大的面上，有面向正式客户群和潜在客户群的短信（群发）、微信（个人号和公众号）、微博（个人和公司）和杂志（电子版和书面版）等；精准互动方式，有具体客户点对点的电话沟通、短信互动、微信互动、面对面沟通和具体事务往来（公务的、非公务的）等。

上述互动内容包括公司动态发布、相关知识传播、产品案例分析和企业价值观分享。其中，将企业文化融入企业产品和经营活动，激发客户的共鸣，能够产生同性相吸的效果。

陈春花教授在《经营的本质》一书中还说：文化营销的力量来自于消费人群对于社会文化中所包含的生活方式与价值观念的共性认同，通过与顾客在精神层面产生“共鸣”，激发出顾客对特定情境的认可或者记忆，从而获得消费群体对于企业品牌与核心产品的深度认同与持续消费。

此外，技术性营销活动是常态化客户互动的重要方面，可以在互动的针对性、技术深度、面对面零距离和同行横向交流等方面对上述方式形成有效互补，这也是提高企业对客户的附加价值、挖掘客户潜在需求和拓展新客户的重要途径。

关心客户的本质需求，真心对待客户、珍惜客户，做一个值得尊敬的企业，肯定会从客户处得到回报。

★卓越实践 6

MAKINO松下专卖店：全电化案例展示

日本松下连锁在京都有一家著名的MAKINO专卖店，该店以全电气化改造为切入口，全面挖掘客户的改建扩建需求。这家店铺创始于 1976 年，目前年销售额 3.6 亿日元（约合人民币 1800 万元），月均销售额 3 000 万日元。

面对日本社会的老龄化现实，MAKINO 紧紧围绕高龄家庭的全电气化诉求寻求突破。

安全方面：担心炉子和煤气灶起火。老人或孩子，万一发生什么事情的话……

功能方面：厨房和厕所的卫生太麻烦了，希望能更轻松一点。

经济方面：希望每月的照明电费和燃气费更少一点。

环境方面：为了保护环境，使用太阳能光伏发电。

自MAKINO专卖店推出全电化改建业务以来，已经创建了300例以上的施工业绩。为了取得目标客户的信任，他们将典型客户的典型方案放在网站上、印刷成小册子，既作为潜在客户的参考，又作为本店面实力和信用的证明。

MAKINO将既有案例分门别类进行整理，提供多种多样的案例参考，针对客户的实际需求和重点关注，不仅在空间方案、技术手段和产品配置方面设身处地为客户考虑，而且在施工时间、工期和费用预算等方面全面满足客户的需求。

开店40年，从销售家电到家居改建，MAKINO见证了日本从高速发展到成熟市场、再到老龄化社会的变迁，经历了从产品销售到全面服务的经营转型，通过客户群体的口碑传播，借助网络传播和服务IT化，小小店铺也积累了属于自己的品牌知名度、美誉度和忠诚度。

形成信用100年，失去信用一瞬间

形成信用100年，失去信用一瞬间。客户就是公司财产，对客户信守承诺就是对公司财产的爱护，不但可以保护公司财产，还能使之增值。

因此，企业要格外珍惜自己的信用，不但在具体的营销业务中要信守承诺，还要坚守良心经营，哪怕是付出各种代价，也不要因短期利益而牺牲了长期信用。

无论一个企业的宣传做得如何好，当问题出现时，通过企业的实际言行就能看出企业的真面目，尤其是当企业出现大事故甚至是大危机的时候。所以，企业应该直面人心，诚信难以长期伪装，客户可能受一时蒙蔽，却不会一生受害。

创立于1920年的日本中坚印刷公司主要为政府机关、学校、出版社及一般企业提供印刷服务，现任总经理筱仓正信经常对公司员工说："形成信用100年，失去信用一瞬间。"发生事故时的应对方法，决定了社会对公司的评价。虽然公司对谁都想隐瞒事故，但应对事故的方法，决定了公司是取得信用还是失去信用。

人非圣贤，孰能无过，企业也一样。在长期的市场竞争和企业经营过程中，难免出问题、犯错误，甚至遭遇大小危机。不论在哪种非正常情况下，企业处理问题都务必从经营理念和宗旨出发进行判断和决策。勿忘初心，以经营的原点和出发点为基准，企业决策就不会出现方向性错误，甚至能够化危为机、重获信任。

★卓越实践7 松下万宝空调器：营销改革，建立信用

1996年，负责松下电器空调事业部全球营销的木元哲被派往中国广州，担任松下万宝（广州）空调器有限公司（以下简称"松下空调器公司"）和松下万宝（广州）压缩机有限公司（以下简称"松下压缩机公司"）总经理。甫一上任，木元哲就发现松下压缩机公司的销售顺利、利润可观，而松下空调器公司则是销售乏力、流通库存多，一直亏损。作为新任总经理，木元哲意识到自己的任务就是空调销售的正常化。

经销商没有钱赚，松下空调信用扫地

当时，中国市场正处在由进口产品向本土产品过渡时期：进口的松下空调器和三菱空调器等是热销货，是非常赚钱的品牌，而在中国本土生产的松下空调器却没有利润。

1996 年 11 月，松下空调器公司在厦门召开经销商感谢会，未曾料想，主办方本意上的“感谢会”却开成了众多经销商“要求赔偿损失大会”：大家都抱怨，从 1994 年合资企业开始供货后，经销商们就一直亏损。松下空调信用扫地。

这次经销商大会开得特别艰难，木元哲当即决定调整会议思路：以倾听和探讨为主线，与经销商们共同分析当前困境的原因，思考改革的方向。

木元哲在大会上公开表示：对于过去的经营损失，松下空调无法给予赔偿，但是松下空调公司向所有经销商承诺，给我们一年的时间，一定让经销商进入正常经营状态，不会因为松下空调的原因而没有利润。

信用扫地的决定性原因

经过经销商大会的冲击，木元哲开展了一系列市场调研，逐步梳理市场营销的改革思路——建立松下空调公司的信用既是改革的短期目标，也是改革的长期宗旨。

当时的现象是：市场价格每天都在下降，到处都能拿到批发货，反而从工厂直接进货的价格比市场渠道批发的价格还贵，今天的零售价比昨天的批发价还更低。

究其原因：当时松下空调实施按经销商进货数量进行返点的销售政策，返点率的差别特别大，极少数大型销售店大量调集采购资金，为谋求高返点大量进货，而其大部分空调则被批发到全国各地。松下营业部门认为这样做带来的销售和资金回收的效果都很好，因此以大型销售店为中心进行销售。

可是，按经销商进货数量进行返点的销售政策，因为没有销售区域的限制，造成了全国流通环节的无序和市场价格的混乱，其结果是大量经销商难以销售，最终影响了松下空调的整体销售量。

营销政策大改革，让经销商能够赢利

木元哲及其营销团队确定的营销新政策是：稳定市场零售价，确保经销商利润。这就必须整顿松下空调在全国的流通秩序，杜绝市场恶意串货。

因此，必须减少流通在库，要求所有经销商不压货，必须配套的政策就是：工厂不卖不能销售的产品——也就是不接受不能实现最终零售的经销商订单。

为了稳定流通秩序，松下空调决定停止向零售店直接供货，导入地区代理店制度，委托代理店开发特约认定店（零售店）、负责区域内销售货款回收。松下空调的营业部门人员和代理店一起向消费者促销，禁止跨区域的销售，不接受批发式的销售店作为地区代理。

上述这些调整政策在内部高层讨论时曾经引起很大争议。木元哲的上级、日本松下空调事业部的相关领导反对该项改革。

就在木元哲纠结时，松下空调器公司的中国合资方、万宝集团董事长却给予他积极支持：万宝集团董事长认为新政策符合当时的市场环境，支持木元哲大胆推进该项营销改革。真可谓峰回路转，得到共鸣和支持的木元哲义无反顾地投身到改革的实施过程。

用素直心思考，重回信任，重建信用

1997 年的营销改革推进得异常艰辛，木元哲始终以素直之心应对面临的各种问题。

松下幸之助说："领导者只有拥有一颗素直的心才能看清事物的本相，才能具备众人信服的领导力。"所谓素直的心，就是不为私心所困，倾听、宽容，去除私心杂念和一己偏见，一切从事物的本来认识真相，思考并求解。

经过近一个冷冻年度的努力，木元哲和他的营销团队终于使松下空调在中

国市场的流通进入有序状态，零售价格稳定下来，各地经销商回归到正常经营状态，能够从与松下空调公司的合作中获得利润。

至此，松下空调品牌得以重建信用，松下空调器公司重新得到经销商的信任，合作关系进入互利共赢状态。经历后续的中国家电价格大战、空调节能升级（变频化）等市场风云变幻，松下空调一直稳居中国国内市场高端品牌之首，松下空调公司作为松下电器全球空调生产基地，如今已经蓬勃经营 20 年。

★卓越实践 8

松下幸之助和“热海会谈”

摘录自松下电器（中国）官网，标题为编者所加

1961 年，由社长退任会长（董事长）的松下幸之助，从公司的日常运作中抽身而出，将自己的工作地点迁到了京都的别邸“真真庵”。虽然从企业经营的第一线退了下来，但是作为“人物传记中的主人公”，众多的采访和讲演邀请还是纷至沓来，松下幸之助每天仍然在繁忙中度过。

敏锐洞察市场动向和经营危机

1964 年东京奥运会后，日本经济回调，市场竞争激烈，家电行业进入缓慢发展时期，亏损企业剧增。

1964 年夏初，松下幸之助一边阅读着报告一边陷入了沉思，他对于家电行业由于高速成长而导致的投资过热和不正当竞争感到忧虑，凭借多年的经验，松下幸之助敏锐地从报告的数字中捕捉到了收益下降背后隐藏的严重事态，他察觉到松下电器的经营正在走入僵局。

果断召开代理店恳谈会

松下幸之助决定召开全国代理理店社长恳谈会。不久，各营业所长就接到了

来自会长的突如其来的指令："请所有营业所长陪同销售公司及代理店社长参加恳谈会。"会议地点设在热海。

会议的前一天，前来确认会场的松下幸之助停下了脚步。

于是，摆满整个会场的椅子被再一次重新调整，摆放成交错排列，保证从每一排的座位与座位之间能够看到后面一排的与会人员。站在讲台上进行确认的松下幸之助还要求把讲台升高，以便能够更好地看到整个会场的情况。

发出邀请函之前，松下幸之助就告诉事务局（会务办公室）说"此次会议不要设定结束时间""不要安排议题"。同时，松下幸之助计划在会议当天亲手把写有"共存共荣"的彩色纸交给每一位与会人员。为此，他每天都抽出一些时间亲手在200多页彩色纸上写下"共存共荣"四个大字。在松下幸之助的心里，有着这样非比寻常的决心："尽管没有什么好的解决办法，但首先要彻底地交流和沟通。"

恳谈会风云突变

1964年7月9日，松下电器全国销售公司代理店总经理恳谈会（热海会谈）如期在日本热海新富士屋饭店召开，会期三天。会议期间，松下幸之助站在台上的时间合计长达13个小时。他认真听取了销售公司和代理店总经理们的不满和要求，从大家的谈话中得知，在一共170家销售公司和代理店当中，维持赢利的仅有20余家，竟然有超过半数的销售公司和代理店都因亏损而苦恼不已，之前松下幸之助对于事态的隐隐不安得到了印证。

难道这不是因为销售公司和代理店自己努力不够而造成的结果吗？松下幸之助不禁产生这样的疑问，针对与会者们的言辞，他忍不住进行强烈反驳。恳谈会风云突变，松下幸之助听着大家的发言，阐述着自己的意见，一直感觉非常矛盾。大家各执己见，总也达不成一致，会议不知道何时才能结束。进行到第三天的时候，大家发现这样下去根本无法产生结论。

松下幸之助受到了极大的冲击，但同时也抱有一线希望。他向大家呼吁："疾病重在早期发现，努力治疗。这次会议就是我们会诊的一个机会。希望我们能够在这里进行相互诊断，请健康的人发表保持健康的秘诀与大家一起分享，供大家参考，不健康的人相互探讨各自想到的治疗方法，一起努力让这次的会议能取得真正的收获。"

顿悟后的鞠躬

"请大家安静！事不成，均在我！企业经营不顺利都是我的责任，松下电器对不起大家！"台上的松下幸之助突然向所有与会人员深深鞠躬致歉，这让大家都惊呆了，原本吵吵嚷嚷的会场一片寂静。

松下幸之助说道：现在不必再说谁对谁错的问题了，大家所讲都有各自的道理，追究对错没有意义。为了打破现状，为了回报过去各位客户对松下的信赖，松下电器一定会加倍努力。诸位客户一直以来对松下电器惠顾有加，现在的松下电器却未能回报，我深感愧疚，我们决心改变这种局面。

这番话让大家感动得热泪盈眶，刚才还是充满批评和责难的会场顿时变成了一片团结的海洋。

锐意改革，经营起色

热海会谈结束后的第三个星期，松下幸之助亲自出任营业本部长代理。"松下幸之助重返一线、东山再起"引起了社会上一片哗然。但是松下幸之助对此毫不介意。在因病疗养的营业本部长的桌旁摆放了自己的桌椅，每天到公司去上班。

松下幸之助推出了三项改革措施："一地区一销售公司体制""事业部、销售公司间直销体制""新的月销制度"。大刀阔斧的改革自然会引发各方面的利害冲突，松下幸之助亲自上阵，每天为寻求理解而四处奔走。

说着容易做起来难——松下幸之助认为这次改革必须要首先做到所有相关人员都形成统一的认识。带着这种想法，无论是销售公司还是代理店，他一直诚恳执着地说明，直到博得全场的一致掌声和赞同为止。通过一遍又一遍的沟通与交谈，不久之后，新的销售制度终于步入正轨，销售公司和代理店低迷的经营也开始重新出现起色，松下电器与全国经销商重建信任、稳固合作。

1965 年，受到政府颁发“二等旭日重光勋章”表彰的松下幸之助，又被全国的松下经销公司和代理店赠与了“天马行空像”。这是大家对抱着“共存共荣”这一坚定信念并果断实行改革的松下幸之助充满感谢和信赖的象征。

★卓越实践 9
松下电器：直面危机方显公司品格

在摆脱了 2000 年的经营亏损之后，2005 年，日本松下电器又出现了动摇企业社会信用的重大事件——过去制造的产品发生故障，先后造成死亡事故和中毒事故。

使用 13 年以上的产品接连出事

2005 年 1 月，日本福岛县伊南村一名 12 岁男孩因一氧化碳中毒死亡，其父病危。2 月 23 日，长野县茅野村一对夫妇轻微一氧化碳中毒。4 月 13 日，长野县一美容院中，店主及客人一氧化碳中毒。这些事件的现场，都有松下电器在 1985 年至 1992 年期间生产销售的 FF 式煤油暖风机，销售数量为 152 000 台。

FF 式暖风机是通过管道从室外吸入空气使煤油燃烧，然后将污浊的空气排向室外。事故发生的原因是用于吸入空气的非燃性橡胶管发生龟裂，使煤油不能够完全燃烧，从而产生一氧化碳气体并泄漏至室内而引发事故。

松下史上最严重的信用危机

松下电器于 4 月 21 日召开记者会，通过电视和全国报纸报告该产品发生的事故，并宣布了免费修理的政策。遗憾的是，11 月 21 日，长野县又有一名没有听到产品的相关信息、继续使用该型号取暖机的客户死亡。日本经济产业部给松下电器下达紧急命令：将产品维修的广告彻底通知所有客户。12 月 2 日，山形市又发生一起检修后的产品造成死亡的事故。当天，日本经济产业部对松下电器发布了将对象产品全部回收的命令。

这堪称是松下电器创立以来第一次面对的最严重事态。在不足一年的时间，造成 3 人死亡、6 人中毒，公司负有重大责任。一时间，“松下制造和销售杀人产品”的传言满天飞。

“虽然是制造销售后经过 13 年至 20 年才发生故障，但毕竟是关系到生命安全的产品设计，实在是太不负责任了。”诸如此类的声音不绝于耳。松下电器高层当即决定采取全面应对措施。

领导者准确定性，果断处置

时任松下电器社长（总经理）的中村邦夫将事故定性为“公司对社会的背信行为”“如果容许事故再发，松下电器将没有明天”。

2005 年 12 月 7 日，中村邦夫破例向全体员工发送了社长通告：为应对事态，将不分部门，向全体员工寻求协助。

12 月是为圣诞节进行岁末商战的最高潮。松下电器决定：为了这个年度大商机准备的所有电视广告，全部替换为该事故通告和该型号取暖机有偿回收（每台退费 5 万日元）的通知。10 天之内，这一通知在电视上播放了 16 000 次以上。

为了让所有使用者能快速知晓信息，从 12 月 13 日开始，松下电器向该产品的销售地区派遣了6500名员工，他们访问了6万家煤油取暖机销售店，张贴海报，发放了142万张传单。当时松下电器在日本的员工总数是8万人，也就是派出了8%的员工从事这些活动。

地毯式查找，全面回收事故对象产品

2006年1月上旬，松下电器向日本全国的所有家庭总计寄送了5687万张明信片，由此，预防事故再发的回活收动开始了。

从承担社会责任的角度来说，这一事故背离了社会大众的信任，是绝对不能容许的，说“当时松下电器面临企业存亡的危机”也不为过。为了召回、修理产品，松下电器采取了所能想到的一切手段，依靠全体员工的奉献和努力，避免了事故的扩大化。

近7万次的电视通告、1.3万次的广播、6.5亿张传单和49万张海报，根据购买者名单进行的重点个别访问活动15万次。因为存在转让的可能性，单凭购买者名单无法完全网罗所有使用者，所以松下电器以寒冷地区为中心，进行了45万次挨家挨户的访问……在事故发生后的两年时间里，松下电器因此事件的直接投入达到249亿日元，按现在的汇率约合人民币15亿元。截至2010年9月，该产品召回率达到76%。

松下电器的这一举措得到了社会的正面评价。

召回永远也召回不了的产品

剩下的产品在哪里？多数可能已经废弃。即便如此，松下认为，若能在垃圾堆里找到这些产品，也要继续努力。直至事故发生10年后的2015年，松下电器仍然在部署专门人员，以找到最后一台问题产品为止的决心，继续开展工作。由此，这场人们见过的时间最长而且还未结束的召回事件，更展现出了一种神圣和庄严的意义。

正是因为这种对产品安全和社会责任的执着，FF式暖风机事件不但没有使松下的品牌声誉受损，反而赢得了客户更多的信赖。

设立到期产品安全中心，追求产品绝对安全

有形的东西都会随着时间的流逝而老旧，最终坏掉。松下电器以这次事故为契机，从确保永久安全的视角强化设计和生产机制，深入思考安全性问题，力求使产品使用几十年而不出事故。

“虽然我们一直在从事性能和耐久性的研究，但今后必须开展关于老旧化之后会怎么坏掉的研究。特别对于安全零件，必须彻底展开上述研究。”

为此，松下电器设立了到期产品安全中心和安全技术法规小组，展开相关技术研究。面向未来，松下希望通过设计和制造改善实现产品生命周期的绝对安全，力求产品历经数十年使用也不会发生任何事故。

化危为机，重拾信任，强化信用

松下对这次事故的应对，得到大众媒体的集中报道，均认为松下电器是能够承担企业社会责任的公司。

“把通常不愿公布、对自己公司不利的信息，也能毫无保留地予以公开，松下电器是毫不隐瞒、公平、公正的企业。”

引发不安全事故，企业有无可推卸的责任。幸运的是，松下电器非常彻底而诚实地应对，赢得了社会和客户的正面评价，挽回了大众对企业的信任，证明了松下电器的企业信用。

2013 年 10 月 14 日，一位日本客户在自己的博客中写道：“今天报纸中夹带的传单是关于Panasonic的，在更改公司名称以前的松下电器时代，便不时有召回的传单，这种召回对象产品的广告和回收通知，基本都是问题曝光后的无奈之举。但是松下却一直坚持这么做，我觉得这是看似容易、实则很难做到的。看到这样的传单，就觉得松下（株）真是个诚实的公司。”

经营理念指引企业驶向未来

这次事故是对松下电器上上下下一次非常彻底、刻骨铭心的经营教育，使松下人再次认识到确保产品的永久安全性是企业的社会责任，产品质量是企业的生命，是企业经营的最优先事项。

痛定思痛，经过艰苦努力，松下电器获得了来自客户和社会的信任回归。这次危机事件让松下电器所有员工深刻体会到：企业的经营理念和企业文化在这场危机中发挥了巨大作用。

绽放：小微企业的品牌春天

在传统的营销管理实践中，由于电视、广播、报纸、杂志和户外广告等属于第三方控制媒体，所以，企业的品牌传播需要依赖大投入、大广告才能提高知名度。网络时代，互联网、自媒体、分享文化和粉丝经济等正在使企业营销管理模式发生颠覆性的变化，小微企业迎来了品牌春天。

内外兼修、内核为重，扎根网络时代提供的公平土壤

品牌建设追求的是品牌溢价。同样的产品，打上不同的品牌，其市场价格就不同，企业可以实现品牌溢价的根基就是精品质量。

品牌有六大要素：独特的客户体验，超高的让渡价值，高度的可靠性，高度的符合性，高度的一致性和高度的稳定性。劳斯莱斯价格昂贵，比亚迪经济实惠，客户开着不同的车去谈千万元以上的生意，谈判效果会有微妙的区别，这就是不同产品对应的形象价值带来的让渡价值不同。

品牌知名度可以通过营销策略和品牌推广来实现，但是品牌的美誉度和忠诚度则一定只能通过品牌的六大要素才能实现——只有客户有好的使用体验，得到好的兑现性记忆，才能沉淀出好的口碑，形成重复采购。

创造独特的客户体验：满足客户的消费偏好

市场定位清晰的企业一定要站在客户的角度理解其需求，分析目标客户群的消费偏好。由于消费价值观和审美取向，以及民族性格和民族风俗的影响，客户有其独特的消费行为习惯（消费嗜好）。

客户对所购产品的使用，一方面是为了得到其使用价值，另一方面则是为了追求其文化价值，只有当企业提供的产品所蕴含的价值取向与客户的价值取向产生共鸣时，客户才会为实现对这种取向的认同而进入购买过程。

显然，满足客户的消费偏好、在客户端创造好的兑现性记忆，所有的企业不论大小都可以这样去做，小微企业甚至可以更精准、有效而及时地服务于细分市场。

国际化、现代感 VI 助力品牌传播

企业形象识别系统（corporate identity system，简称CI），包括理念识别（mind identity，简称MI）、行为识别（behavior identity，简称BI）和视觉识别（visual identity，简称VI）。

企业会有计划地将自己的各种特征向社会公众主动地展示与传播，使公众在市场环境中对本企业有一个标准化、差别化的印象和认识，以便更好地识别并留下良好印象。

企业通过VI设计，对内能够获得员工的认同感、归属感，加强凝聚力；对外可树立企业的整体形象，通过视觉符号，不断强化受众的意识，从而获得社会认同。

全球化时代，企业需要具有国际化、现代感的VI。很多中小企业在创业初期甚至在创业之后很长一段时间内都不重视VI设计，甚至没有自己的VI，这给企业的品牌传播带来很大局限。

读图时代，通过简洁优美的视觉形象给人们一个深刻的第一印象，是品牌传播的第一项工作。VI首先反映的是企业的审美标准，一个没有经过专业设计的VI无法吸引眼球、无法在受众脑海中留下记忆，如果是一个很粗糙、很“土”的VI，则会直接被受众定位在低层次。

企业的VI要承载企业深厚悠远的文化内涵，体现创新活力的时代气息，这对企业的文化营销至关重要。一个有档次的VI能够直接提升后续一系列营销设计的质感。欧美和日本的企业不论大小，在创业伊始都会首先经过战略思考设计出具有国际化审美的VI。创业历史久远的众多大小企业，其品牌形象也经历了多代的VI演变和品牌进化。

因此，草根创业的小微企业一定要重视借助国际化、现代感的 VI 助力品牌传播。

创造精品质量，培养粉丝群

市场中消费者对某一品牌的好感和信任程度，是现代企业形象塑造的重要组成部分。

通过营销质量、设计质量、流程质量、服务质量和工作质量，在与客户沟通、提供产品和服务的全过程实现独特的客户体验、创造高度的让渡价值，在质量的可靠性、符合性、一致性和稳定性方面创造出类拔萃的卓越水准——只有达到精品质量，才能形成口碑，口口相传，提升企业美誉度；只有达到精品质量，才能形成客户的消费依赖，建立客户忠诚度。

网络时代，粉丝成为社会和经济领域的普遍现象。“粉丝经济”不仅仅存在于娱乐行业，在各行各业也都普遍存在：企业为客户创造独特的使用体验，得到客户群的热爱和追捧，从而形成长期而稳定的合作关系。所谓的“客户黏性”“品牌忠诚度”就是“粉丝”现象的传统描述。

粉丝不是大企业的专利，粉丝经济无企业大小之分。通过无私忘我的行动差异化、经由与客户互动全流程的精品质量建立自己的粉丝群，小微企业的品牌效应也将逐步沉淀出来。所以我们说，草根品牌也有春天。

全员营销，全面与客户互动

日本太田工业所总经理太田茂先生说："维护公司的信用是公司每一位员工的责任。不能充分应对客户，对于客户投诉不能细致礼貌地应对——仅仅这些就会让客户失去对我们的信任。""你是在让客户积累对我们的信任呢？还是让客户减少对我们的信任呢？每天，自己回顾一下吧。"

新时期的品牌建设，利基战略越来越多地成为企业的营销战略选择：在特定的产品或服务领域（缝隙市场）精耕细作、形成优势，持续在细分市场占有高份额，成为该领域的隐形冠军。因此，在知名度方面，企业越来越重视在目标市场的口碑和传播，追求有效的知名度。

网络平台、自媒体、营销活动、事件营销和电子商务等，为小微企业提供了与大企业平等的传播途径，传统媒体一统天下的局面被彻底打破，利用大投入、大广告提升品牌知名度的时代已经一去不复返了，小微企业的品牌建设迎来了传播的春天。

03

第三章

逆算营销：营销就是经营

企业战略性营销体系建设

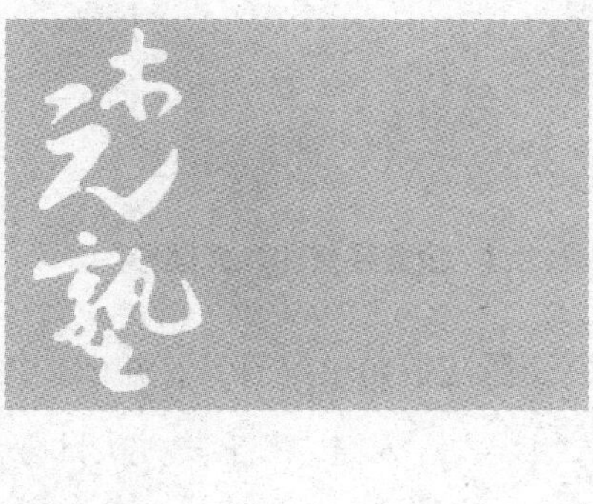

企业要实现利润最大化，必须在新产品刚上市价格最高时将销量最大化。要实现这一点，需要进行逆算营销。

企业经营的核心要点

“变化造就不同的创新价值。”经营的本质就是应对变化。

脱离客户谈经营是无源之水，不能应对变化必然造成现金流枯竭，现金流枯竭，企业必然死亡。以客户为中心、应对变化、重视现金流——这是现代企业经营的核心要点。

重新认识企业的经营资源

运用企业资源，通过为客户创造价值而实现企业价值，这就是经营。现代

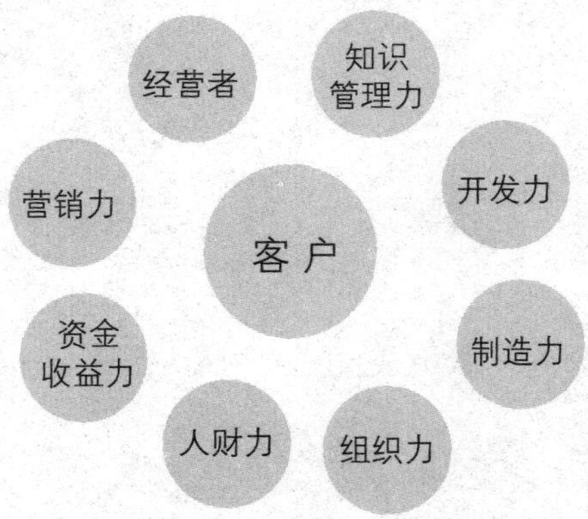

图 3.1　企业经营的九大部分

管理理论认为，企业的经营资源应该包括经营者、知识管理力、开发力、营销力、制造力、资金收益力、组织力、人财力和客户九大部分（见图 3.1）。

经营者是企业的第一资源，包括其拥有的经营哲学、品德、领导力、国际性（国际化程度）和个人魅力。在中国，很少有人明确提出经营者（创业者、老板、董事长或总经理）是企业的资源。

知识管理力是指企业的知识财产、专利、可以被活用的知识和积累的经验。

开发力不仅指企业的技术开发力，还包括企业的投资开发力（投资决策的能力）和信息开发力（获取必要信息的能力）。

营销力则是指企业的组织力、促销力、销售渠道、物流、品牌力和海外战略等。

制造力包括企业的生产设备力、制造技术力、外购供应力、原材料供应力、生产组织力和成本力。

资金收益力包括资金供应力、投资效率和财务的健全性。

组织力则是指组织氛围（组织活力）、组织活动和管理体系。

人财力是指企业活用人力资源创造财富的能力，包括企业的职能结构、人工费和劳资关系等。为了强调人力资源是企业的财富，这里特意将“人才力”用“人财力”表述。

客户是企业最重要的资源之一，包括客户关系管理、基础信息和客户对品牌的忠诚度。客户是企业希望利用内部资源创造的外部资源，是企业的利润源泉和发展动力，是企业经营的原动力。

经营的核心要点

通过销售实现利润，通过利润实现资金增值，这是企业经营的根本。因此，企业通过活用资源尤其是人力资源，制定有效的发展战略，构建技术力、营销力、制造力和服务力，形成正向增值的现金流来实现经营目标，这是经营的核心要点（见图 3.2）。

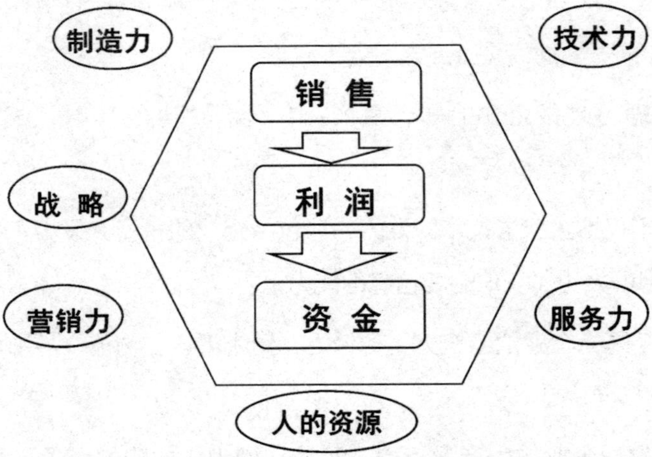

图 3.2 以资金流为目标的经营

1. 客户是变化的

今天的客户，明天还会采购我们的产品吗？如果认为“会”，依据是什么？

客户是经常变化的。对于B2C的企业而言，如果竞争对手有更加有魅力的产品上市销售，即便是自己公司的员工也会去买。而对于B2B的企业来说，通过人际关系做生意，已经是很久以前的事了，客户对质量、价格和交期的要求，可以说全部都在发生变化。

客户和企业的关系，就像男女之间谈恋爱。男孩发现：“那个女孩不错啊！”于是很想交往。双方同意后开始交往，交往期间，男孩发现了对方的缺点，于是开始想：应该还有其他更好的女孩，此时刚好出现了自己喜欢的其他女孩子，男孩转身又开始和新的女孩交往……

社会在进步，时代在变化，客户自然也在变化。因为审美疲劳，人有喜新厌旧的天性；因为恒美属性和情感眷恋，人也有喜新不厌旧的天性。和人一样，企业的客户也有审美疲劳，也有恒美属性。

有血缘关系的亲情之爱可以永恒，永远的客户却是不存在的。企业要把握好客户的变与不变，这样才能提高客户黏性，从而延长客户的生命周期。

2. 经营就是应对变化

客户是变化的，这是市场定律。陈春花教授认为：一个企业不管走得有多远，不管曾经的规模多么大，忘记顾客就一定会失败。所有企业失败的根本原因不是因为技术替代，而是因为它离客户越来越远，它实际上是被客户淘汰，而不是被技术淘汰。

诚如陈春花教授所言："变化造就不同的创新价值。"经营的本质就是应对变化。

3. 重视现金流的经营

企业如果不能应对客户变化，就会出现销售乏力、营业额下降；如果营业额下降，利润就会下降；没有利润，企业资金就会逐步枯竭；企业资金不足，无法支付费用，最终就会倒闭。

企业几乎都是因为资金不能周转而倒闭，其根源就是不能及时感知和有效应对客户的变化。

木元哲 20 世纪 90 年代在担任松下在华合资企业总经理期间，因为企业应收款太多，流动资金难以为继，这种情况下，要么合资双方增加资本金，要么向银行贷款确保正常经营，可是中国合资方无钱投入、也不愿意松下单方增加资本金而增加持股比率。因此，在担任总经理的前两年，木元哲几乎所有的工作都是围绕如何解决企业的资金问题展开：扩大销售，增加现金收入；加强应收款回收，确保费用支付；关注每月费用发生和资金支付，保障企业销售和生产正常进行；与银行交涉，保证企业信用。

脱离客户谈经营犹如无源之水，不能应对变化必然造成资金流枯竭，资金流断裂企业必然死亡。以客户为中心，应对变化，重视现金流——这是现代企业经营的核心要点。

营销是经营的根本

营销是什么？在中文的语境中，“营”有经营、管理和谋求等多种意思，“营”还是军队的单位；而“销”则有销售、消费、销子等意思。从企业管理的角度来说，营销就是经营，是经营之根本。

营销概念的变迁

成立于 1937 年的美国市场营销协会（American Marketing Association，简称AMA）是世界上规模最大的市场营销协会之一，拥有 3 万多名会员，这些会员在世界各地从事着市场营销方面的工作，或者进行着市场营销领域的教学与研究。

关于营销的定义，AMA 曾经给出了几种不同版本，从中我们可以窥见数十年来营销概念的变迁。

1960 年，AMA 对营销的理解是“从生产者到客户，创造财物或服务的活动”。1985 年，营销概念演变成“为了满足个人或组织的销售目标，将产品、价格、促销和流通（4P）有效组合、形成订单的过程”。

2004 年，AMA 认为营销是为客户创造价值，传达、提供，并且采用对组织有益的方法，管理与客户之间关系的组织机能和过程。

2007 年，营销的概念又调整为：为客户、商业伙伴和社会创造有价值的需求物，并进行传达、提供、交换的活动和过程。

2013 年 7 月，AMA 一致审核通过了关于营销的最新定义：市场营销是在创造、沟通、传播和交换产品中，为顾客、客户、合作伙伴以及整个社会带来价值的一系列活动、过程和体系。

现代企业中的营销定位

英文中的营销一词为“marketing”，词源来自于“市场”，由于在字面上侧重于交易性，人们对“营销”曾经有过诸多误解。在 20 世纪，人们普遍认为营销是销售部门的工作，现在人们已经开始意识到，营销是企业所有部门的工作。以前，人们的思维方式是：怎样将制造出来的产品销售出去；今天，人们的思维方式转变为：怎样制造出客户期待的产品并将其销售出去。

因此我们说，与实现销售有关的所有行为都是营销。以客户为起点的营销才是经营的根本。

营销的原点是客户导向

人类发展经历了从物质匮乏、卖方市场到物质过剩、买方市场的变化，营销的出发点也由销售导向转向了营销导向。表 3.1 列示了传统销售导向和现代营销导向的营销变化。

表 3.1 传统销售导向和现代营销导向的营销变化

项 目	传统销售导向	现代营销导向
出发点	工厂	市场
关注焦点	现有产品	客户需求
方法	促销	活用全部经营资源
目的	通过销售收入获得利润	通过提供客户价值获得利润
角度	基于企业的理论	基于顾客的理论

营销理论的演变：从 4P 到 4C 到 4R

伴随着市场环境的变化，营销理论也经历了从 4P 到 4C 再到 4R 的演变（见图 3.3）。

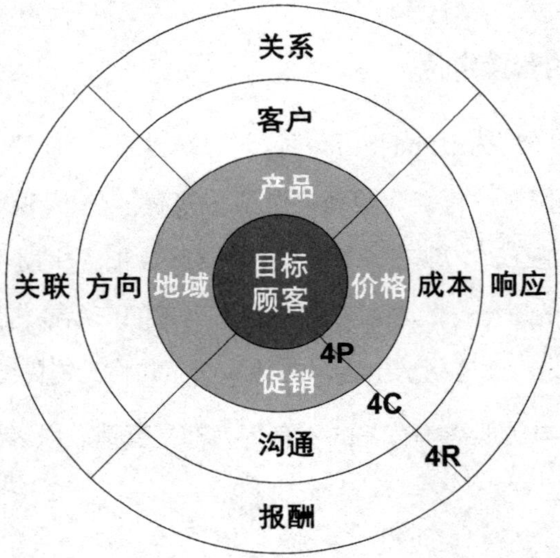

图 3.3　营销策略组合：从 4P 到 4C 到 4R

传统营销理论以杰罗姆·麦卡锡的 4P 理论为代表，其关注重心是产品、价格、地域和促销。

1990 年，美国学者罗伯特·劳特朋教授提出了与 4P 相对应的 4C 营销理论，其关注重心调整为客户、成本、方向和沟通。随着互联网经济的发展，4C 理论进一步演变为“新 4C 理论”，即连接、沟通、商务和合作。

2001 年，美国人艾略特·艾登伯格在《4R 营销》一书中提出了 4R 营销理论，该理论以关系营销为核心，注重企业和客户关系的长期互动，它既从企业的利益出发，又兼顾客户的需求，是一个更为实际、有效的营销制胜术，其关注重心是：关联、响应、关系和报酬。

21 世纪：IT 主导型营销战略

经历了20世纪70年代开始的日本制造业对美国企业的冲击，20世纪90年代，伴随IT技术的发展和互联网全球化兴起，美国企业开始复苏，出现了IT主导型营销战略（见图3.4）。伴随着21世纪全球互联网经济的再次崛起，IT主导型营销战略必将成为企业互联网化的必由之路。

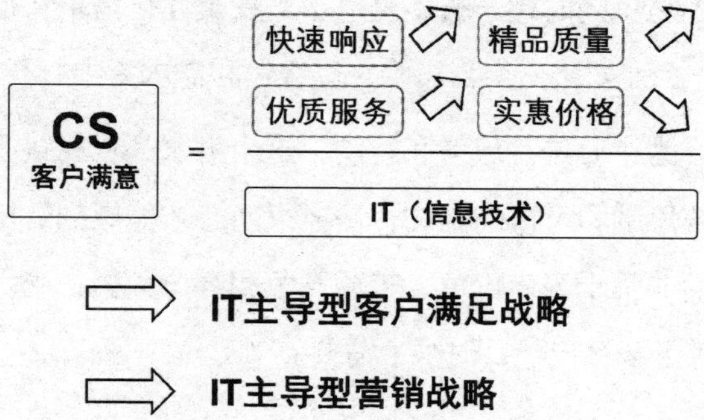

图 3.4 21 世纪 IT 主导型营销战略

IT主导型营销战略理论认为：新环境下，让客户满意必须以信息技术为基础，快速响应（speed）、精品质量（quality）、优质服务（service）和实惠价格（cost）决定了客户的满意度。

可以说，在全球经济一体化之后的互联网经济时代，企业唯有实施IT主导型营销战略，才能在新型市场竞争中生存下来，而不论是“互联网+”还是“+互联网”，都只是其表现形式。

市场定位：为目标客户服务

从以企业为中心和以产品为中心的传统营销，发展到以客户为中心和以需求为中心的现代营销，无论在哪个阶段，企业的市场定位和营销战略都至关重要。

所谓市场定位，就是企业决定自己为哪部分客户服务。这无关乎客户和竞争对手，是企业的自主决策。今天这个时代，企业不再为所有的客户服务，而只为自己选择的目标客户服务。确定了目标客户，企业就能围绕目标客户的特点和需求开展一系列营销工作。换言之，企业通过为目标客户创造价值而获得经营利润。因此说，营销就是经营，这是现代企业经营的根本。

那个好产品不愁销的时代一去不复返了，在个性化需求特征越来越成为主流的市场环境中，企业要转变经营思维，以客户和需求为中心开展营销活动。

以客户和需求为中心进行思考和行动，这个大家都已经接受的方向，在现实当中却受到传统思维和习惯的制约，需要很用心才能做到。比如：产品报价是基于成本因素而非基于客户价值、市场竞争和客户预算；交货期本质上不应由企业决定，而应了解客户什么时候最需要。

逆算营销：从客户需求逆算

基于以客户和需求为中心的营销，企业的两大核心业务流程——产品开发流程和订单执行流程（见图 3.5）都必须逆转：由产品开发到销售的正向推式流程，转变为由客户需求拉动产品开发和订单执行的拉式流程。

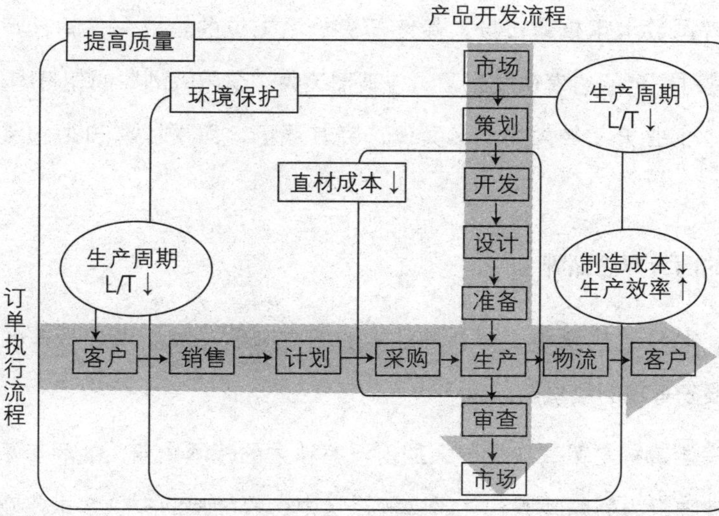

图 3.5 企业的两大核心业务流程

不是企业有什么样的产品，而是客户需要什么样的产品；不是企业什么时候让新产品上市，而是客户什么时候最需要这一产品。逆算营销是实现经营思维转型的有效方法：不是以企业为中心、以产品为中心，而是以客户为中心、以需求为中心，一切都要逆算——从客户倒推，从需求倒推，从客户需求倒推我们要做什么。

★卓越实践 10／逆算营销：朝日啤酒的“咸鱼翻身”术

第二次世界大战后近 30 年，从三分天下到市场占有率持续上升，甚至多年超过 60% 以上，最高时市场占有率高达 68%，麒麟啤酒在日本市场的表现以《无法遮掩的事实：顶级企业垄断市场》的标题文章入选哈佛大学MBA案例库。

麒麟啤酒数十年雄霸市场，最终却被排名末位的企业——朝日啤酒拉下马，看似绝对不可能的事情发生了。曾被嘲笑为“夕阳啤酒”的朝日啤酒公司，成就了日本企业史上最大的逆转案例，究其原因，即是以客户为起点的逆算营销。

日本的四大啤酒品牌

麒麟、朝日、札幌和三得利是日本的四大啤酒品牌。说起日本的啤酒行业，还有很多有趣的故事。

麒麟啤酒曾经是第二次世界大战前一家独大的啤酒企业，战后美军占领日本期间，被肢解为麒麟啤酒和札幌啤酒，其中，麒麟啤酒在日本本州及以南地区销售，而札幌啤酒则在日本本州以北地区销售。在 1955 年，麒麟、朝日和札幌三大品牌在日本市场三足鼎立、三分天下，市场占有率都在 33% 左右。

三得利本来是不做啤酒的。创立于 1899 年的日本三得利株式会社，最早是生产和销售葡萄酒的。1923 年，三得利开始生产威士忌，开创了日本洋酒文化的先河。三得利在日本洋酒市场一家独大，赚得盆满钵满，这种情形持续下来，三得利内部开始失去斗志和危机感。三得利的领导层意识到了这一问题，于是在 1962 年开始进入竞争白热化的啤酒行业。为了激发员工的危机感而进入一个可能不赢利的行业，这在全世界应该都是极少见的吧。

麒麟啤酒的成功

第二次世界大战后的日本，啤酒一般都是在饮食店里饮用的。随着战后经济重建，国民生活水平逐步提高，麒麟啤酒调整了相应的营销战略：导入为家庭配送啤酒和回收空瓶的体系，强化大型商场、饮食店和小型的区域销售网络，从而增加在家庭饮用啤酒的机会。

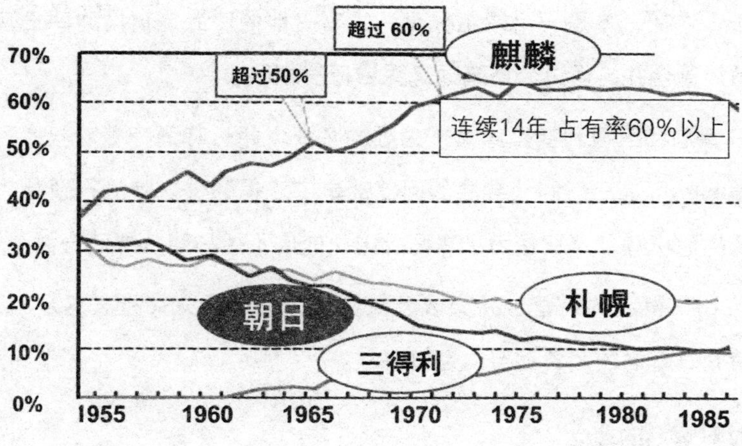

图 3.6 1955—1985 年之前的日本啤酒市场状况

在物质匮乏的 20 世纪中叶，麒麟啤酒采取的销售主导型营销使其获得了极大成功：在 1955 年之后的 20 年间，麒麟啤酒的市场占有率一直节节攀升，1966 年超过 50%，1971 年超过 60%，之后一直维持在高位，连续 14 年市场占有率在 60% 以上（见图 3.6）。

曾被戏称为“夕阳啤酒”的朝日啤酒

反观朝日啤酒，从1955年的三分天下开始，朝日啤酒的市场占有率就一路下跌，甚至在1973年跌破20%，与旭日东升的含义恰好相反，朝日啤酒因此被戏称为“夕阳啤酒”。由于经营亏损，朝日啤酒依靠从银行借钱惨淡维持。1972年以后，朝日啤酒的连续四任社长（总经理）都是银行派过来的——为的是改善经营，确保银行贷款能够收回。

萌发改革

1984—1985年，从银行派来的第三任社长村井勉决心要改变朝日啤酒的经营，他主持了一个涉及5000人的市场调查，意识到了消费者的喜好和日本饮食文化的变化。1986年，第四任社长樋口广太郎上任，之前他是住友银行的副董事长，这在日本是一个职位极高的大官，他的使命是：推动朝日啤酒和三得利啤酒经营合并，通过公司整顿确保银行贷款回收。

朝日啤酒和三得利都是起家于大阪的企业，朝日啤酒抱着“救命”的希望找到三得利，可是三得利领导层的回复却是：三得利进入啤酒行业是为了激发企业员工的危机感，不只是为了赢利，因此他们不想与朝日啤酒合并。

朝日和三得利的经营合并交涉无法突破，樋口广太郎社长这才下定决心，要为维持朝日啤酒的经营而努力迎接挑战。

当时对啤酒的概念

当时是Lager啤酒的全盛时期，啤酒在发酵成熟之后必须通过加热杀死酵母菌，使之不再发酵。如果不杀菌，在保存过程中酒味会加重，味道会起变化。

“不进行加热处理的生啤，只能限定在夏天销售。”在嘴中会留下苦味、味道浓烈——有这种口感才算真正的啤酒，这是当时人们认为的啤酒常识。当时市场上销售的所有啤酒都是Lager啤酒。

其实，这是啤酒制造商根据啤酒的生产原理给出的理由，他们并没有考虑消费者喜欢什么样口感的啤酒。

朝日啤酒把握消费者的口感变化

当初，从银行派来的第三任社长村井勉曾经组织调查了5000人，发现随着饮食生活的变化，人们更喜欢苦味淡、口感好的啤酒——这尤其是年轻人喜欢的口感。

第四任社长樋口广太郎在经历了与三得利合并的谈判失败后，决定采取自救行动，他拜访麒麟啤酒、札幌啤酒和三得利啤酒这些竞争对手的干部，向他们询问朝日啤酒的缺点。按理说，竞争对手之间是不会相互理会的，由于樋口广太郎曾经是银行副董事长，有足够的社会地位，因此同行还是给他提供了很多信息。

“朝日的啤酒放得太久了。”“是不是你们采购的原材料贵，所以舍不得处理过时的啤酒。”……

樋口广太郎决定进行改革，他将超过3个月未卖出去的啤酒全部从销售店回收，并将这些过时的啤酒发给公司员工试饮，试饮之后，员工们的感受是：与自己在工厂喝到的新鲜啤酒完全不同，朝日啤酒的客户是在喝多么不合口味的啤酒！

同时，樋口广太郎还组织产品开发部门的领导拜访了同行的技术人员，请教啤酒的最好喝法。他们走访了3家公司的17位同行，大家给出的答案基本一致：还是生啤酒最好喝，饮后会留下清爽的感觉。

“制造生啤吧！”

创造新口感的朝日 Super Dry

评价啤酒的口味，通常会用清爽感、芳醇、甜味、苦味和酸味五个指标。

其中，芳醇是指酒味芳香纯正的程度，也就是酒味的浓度，饮酒后在口腔中留下的余味，而清爽感则是啤酒通过喉咙的爽感，味道马上消失，没有余味。

传统的Lager啤酒苦味突出，口感重，随着人们生活饮食习惯的变化，年轻人更喜欢苦味淡、口感好的啤酒。于是，朝日啤酒开发出满足年轻人口感的新型啤酒Super Dry，其特点是苦味和酒味淡，喝后口感更加清爽，这与代表传统口味的麒麟啤酒形成鲜明对比（见图3.7）。

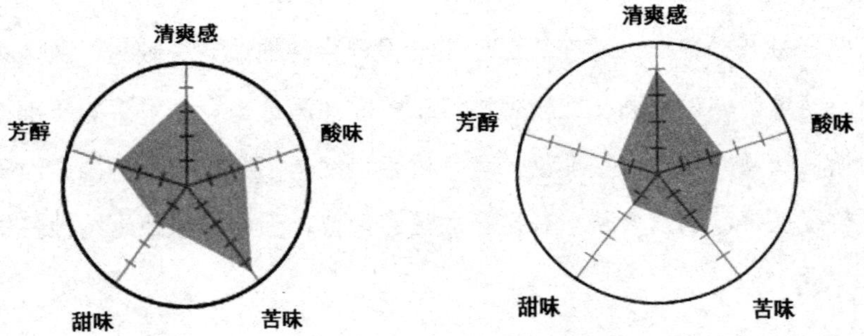

图3.7　麒麟啤酒（左图）和朝日啤酒（右图）Super Dry口感对比

消费者说了算

1986年，朝日啤酒果断决定停止传统啤酒的生产，全面推广Super Dry。在Super Dry刚推出的时候，日本其他啤酒厂家对它的评价是："怎么能销售那么清淡的啤酒啊？！"在他们看来，这简直就称不上是"啤酒"。

可是，横空出世的Super Dry却赢得了年轻消费者的极大欢迎。一改此前三十年的市场颓势，朝日啤酒的市场占有率开始上升。

改革产品流通形态

麒麟啤酒依靠覆盖全国的销售店，通过可以回收的玻璃瓶实现市场渗透。随着日本社会的进步，自动售货机遍及城乡各个角落。朝日啤酒抓住这一途径，推出了罐装化啤酒，真正活用了自动售货机。

很多人也许有疑问：日本于 1925 年制定了《禁止未成年人饮酒法》，规定 20 岁以下未成年人不得饮酒，自动售货机怎么能卖啤酒呢？其实，日本富士通公司开发了一个用于自动售货机年龄判断的软件，能够根据现场摄像判断啤酒购买者的年龄。

加速灌装化使朝日啤酒更加接近消费者。这种缩短与客户之间的距离、方便人们购买的营销变革，使得朝日啤酒的市场渗透优势日益明显，从而在某种程度上助推了其“咸鱼翻身”的速度。2001 年，朝日啤酒打败了 1955 年以来市场占有率节节攀升、且连续 14 年超过 60%、一直独霸日本啤酒市场的麒麟啤酒，成为日本第一。

营销思考改变企业文化

朝日啤酒的营销改革，改变了消费者对该企业的印象：人们认为朝日啤酒是一家能够关注消费者需求、提供新鲜啤酒的企业。

把以前的产品全部废止，用一个全新产品（Super Dry）来赌公司的命运，这得需要多大的勇气、决断力和说服力！可见，朝日啤酒是一家下定决心要做好经营的企业。

在推广新产品的同时，朝日啤酒也加大了广告的宣传力度。他们将全年降成本活动节约的 75 亿日元全部纳入市场营销的宣传费，一年的广告费由原来的 50 亿日元提高到 250 亿日元。

伴随着这些举措，朝日啤酒的品质管理概念也在发生变化。为了确保消费者喝到的都是新鲜可口的高品质啤酒，朝日啤酒规定，在出货后 2 周以内还没有销售出去的啤酒必须回收——品质管理由原来的只关注生产环节扩展为直至啤酒被消费的整个生命周期。

为了确保品质和提高营销效率，朝日啤酒还对物流体系进行了改革：工厂生产出来的啤酒必须在 2 日内运送到所有销售店。

2001 年，朝日啤酒首次超越麒麟啤酒，成为新的第一，至今十余年不变。根据 2014 年的市场调查，朝日啤酒在日本的市场占有率为 38%，麒麟啤酒为 33%，三得利为 15%，札幌啤酒为 12%。

机会不能储存

断尾求生，决意改革。在没有其他前进道路时，朝日啤酒不拘泥于过去的立场，所有部门、全体员工贯彻始终以消费者为导向的营销思维，明确企业的存在价值，快速决断，走出了一条新路，在山重水复之时，创造了柳暗花明。

机会不能储存，机会稍纵即逝。诚如陈春花教授所言：淘汰企业的绝不是技术，一定是顾客。消费者的选择才是决定性的。朝日啤酒Super Dry的销售业绩表明：从客户需求开始逆算，企业才能在变化的市场中快速反应、锐意变革。

利润最大化的三大途径

利润是企业经营追求的第一目标，没有利润，其他都是空谈。如何实现利润最大化，自然也是企业经营的常态化课题。

综合来看，企业实现利润最大化的途径有三个：第一，在价格最高的时候实现销量最大化；第二，建立强力品牌，摆脱价格竞争，自主定价；第三，开发强力产品。

在价格最高的时候实现销量最大化

从产品的生命周期规律来看，老产品的价格是不断下降的。因此，根据客户需求的变化，适时推出适销对路的新产品，是企业维持客户黏性和持续经营的必然措施。

新产品上市销售的一小段时期内价格相对稳定，之后价格就开始下降。在可以维持设想价格的时期内，使销量最大化，这是企业实现利润最大化的第一途径。

我们以电子产品中的AV产品和白色家电为例来看。AV产品是指视听类电子消费品，而白色家电则是指那些可以替代人们进行家务劳动的电器产品（主要包括洗衣机和部分厨房电器等）和改善生活环境、提高物质生活水平的产品（如空调、电冰箱等），这两类产品不论是从客户的角度看，还是从厂家的角度看，都有很大不同（见表 3.2）。

表 3.2 AV 产品和白色家电的特点比较

项　目	AV产品	白色家电
客户角度	爱好、嗜好	生活必需品
	愉快（欲望的扩大）	轻松（帮做家务）
	最新（先进性）	最高（高性能）
厂家角度	开发时间长	开发时间短
	技术进步快（技术导向）	技术变化匮乏／反复（需求导向）
	产品生命周期短	产品生命周期长
	老产品会被淘汰（形式・规格）	老产品也会残存（规格）
	开发、设计全球化（统一平台，特别是软件，全球同时进行的体制）	开发、设计本地化（不同国别、地区有差别）（根据生活、文化而不同）
	生产基地集中	生产基地分散（接近市场）
	制造设备投资庞大	制造设备投资比较少

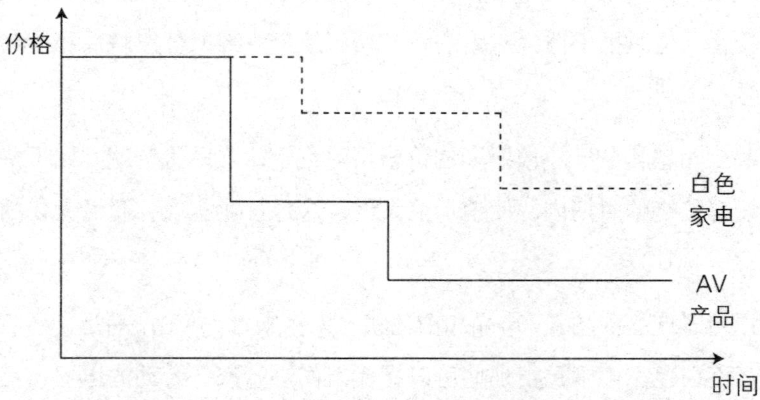

图 3.8 AV 产品和白色家电跌价幅度和速度比较

将AV产品和白色家电产品进行比较可知，二者的价格下跌幅度和速度有根本差异（见图3.8）。新产品在经历了短暂的价格维持之后，AV产品以较快的速度和较大的幅度降价，而白色家电产品虽然降价趋势与AV产品是一致的，但其降价速度和幅度要相对和缓。

再以AV产品为例，新产品上市后，从上市销售价格的100%下降到10%，录像机用了10年，DVD电唱机用了3年，而DVD录音机只用了2年（见图3.9），DV产品的跌价速度和幅度由此可见一斑。

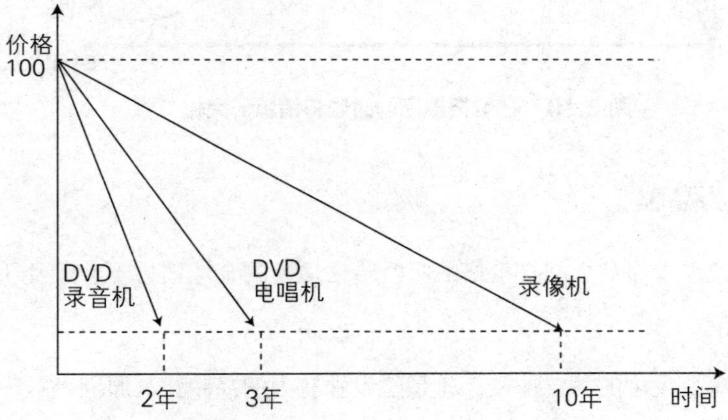

图3.9 AV产品的跌价速度和幅度

为什么会跌价呢？因为一个好的产品上市后得到客户欢迎，就会有很多同行企业跟进模仿、推出类似产品。当市场供应量增加，客户可选择方案增多的时候，企业为了保证自己的销量，就必然降价销售，一家降了，其他的同质化产品就必须跟着降价——虽然价格降了，但行业的整体销量却增加了，虽然如此，企业的利润却没有实现最大化。

不同类别的产品其跌价速度和幅度有所不同，但价格下跌的大趋势是一样的。因此，在新产品刚上市、价格最高的时候，将销量最大化就显得尤为重要——这是实现利润最大化的第一途径（见图3.10）。

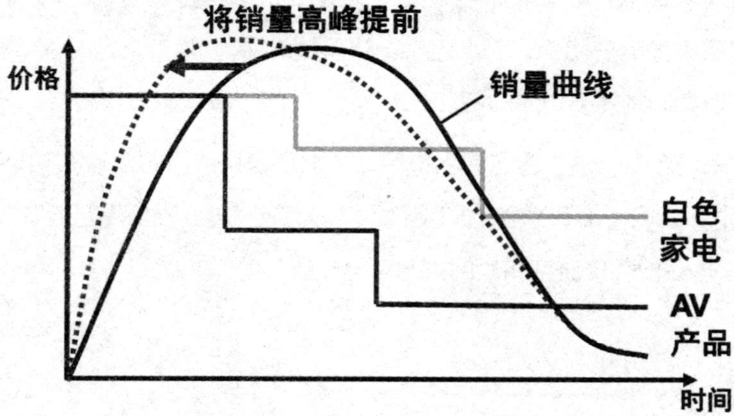

图 3.10　在价格最高的时候将销量最大化

建立强力品牌

有谁听说过奢侈品之间打价格战吗？哈根达斯的全球销售不会顾及明治冰淇淋的价格。

实现利润最大化的第二途径，就是建设强有力的品牌，其原因是：一个知名的强力品牌，消费者的认知度高，营销成本可以降低；可以坚持按设想价格销售，不必周旋于价格竞争；有更大的议价力量，和流通（分销）环节的交涉力强；因为品牌得到了客户信赖，企业容易进入新的事业领域。

产品虽然很快会过时，但是成功品牌的影响力却是长久的，强力品牌依据品牌印象可以持续得到客户信赖。

以奔驰为例。看到三叉星标志，说起“奔驰”，人们的第一反应是价格高，随之，耐久性、高技术、有信用等关联印象也会自然在脑海中涌现。奔驰品牌所代表的质朴刚健、理性的德国文化，受到各国消费者的认同和喜爱。产品性能高、安全，奔驰公司有信用，开奔驰车的一般都是富有的人，这些社会认知可以说给奔驰的客户带来了社会形象价值。

构建强力品牌是企业在经营过程中除了利润之外的第二目标。以经营理念为指引，通过及时有效的推进力和卓越超群的产品力，才能创造强力品牌。

以日本松下为例，“企业是社会的公器，客户第一、日新月异”是松下坚守的经营理念，意思是说：企业是社会的，经营者有责任把企业经营好；以客户为第一，每日创新，每月创新，追求进步。

开发强力产品，创造新的客户价值

日本松下电器将开发强力产品摆在了经营的首要位置。什么是强力产品？简单说，就是站在客户的立场制造的产品。

强力产品的五个特征

强力产品有五个特征：第一，具备有价值的“突出特长”。第二，客户看到之后，产生“啊”的惊讶和感动，超出客户期望。第三，产品特长一眼就能看明白。第四，通用化设计，无论男女老少都无须说明书就能使用。第五，超级环保（不只是环保，而是超级环保）。

没有强力产品，品牌就不能变强。松下公司认为：创造强力品牌的是强力产品。那么，应如何提高品牌价值？下面的公式可做参考：

强力品牌＝产品力×市场导入力×社会贡献力×经营业绩

上述四项，无论哪一项变弱，最终都无法创造强力品牌。

以松下公司为例，松下的产品开发严格遵循三个步骤：收集和抽选提案，明确产品概念，根据概念制定营销战略。

创造新的客户价值

企业应以市场需求为先导，生产能创造客户价值的产品，而且，能创造客户价值的产品不能仅是一时的开发，而应每年持续开发、上市这样的产品。

那么，什么样的产品才是能够创造客户价值的产品呢?

比如，美国苹果公司创始人乔布斯主导推出的iPhone、iPad系列产品，完全改变了只能通话、发邮件、拍照的移动电话终端的形态，将人们对便利性的追求、将模糊的梦想变成了实际的产品，这就是创造客户价值的产品。

再比如大屏幕液晶电视。在显像管时代，电视机最大只能做到 50 英寸，背投电视虽然有 70 英寸的大尺寸，但厚度是其最大瓶颈：70 ~ 90cm 的厚度，恐怕只有豪宅才能放置。在 20 世纪，电视机销售最多的型号是 32 ~ 36 英寸的产品，而现在，电视机的主流是 42 ~ 50 英寸，价格却不到当年的一半。

还有导航系统。有了导航系统，即使没有地图，人们也可以去自己想去的地方。因此，有的女性感慨：对于不会看地图的女性来说，这是一款很重要的产品。

还有数码相机……

超出客户期望

这些畅销产品是在怎样的企业机制中诞生的呢? 众所周知，苹果曾经是乔布斯领导的企业，乔布斯本人对于创新产品的开发怀有极大的热情，公司员工也被这种热情鼓舞，这大概是苹果公司能够取得成功的最重要原因。

那么，日本松下公司又是怎样做到的呢? 创始人松下幸之助说：“不要生产客户想要的产品，而要生产对客户有益的产品。”

松下公司的产品开发一直以“对顾客有哪些贡献”为出发点，要求所生产的产品一定要超出客户的期望。如果客户能够说出自己需要的产品，这种产品大概已经有别的公司在做了，企业要做的，就是忘记自己的企业身份，把自己当成客户，设想出自己看了都吃惊、看了都想要的产品。

产品概念至关重要

产品概念是实实在在指导产品开发的思想和技术指引，最终会转化为产品的外观、结构、功能、性能和服务。

在产品开发的全过程，产品企划、技术、制造、采购、销售等相关人员的思想中应该植入相同的概念、运用相同的语言，对于开发一款成功的产品而言，这一点很重要。

强力产品要有很突出的特长，要能让客户产生“啊”的惊讶和感动。产品的核心是概念，概念承载着新理念、新想法、新标准，从概念上进行产品开发的思考，用简练文字描述出概念带来的产品价值，才便于统一思路、便于传递。

产品开发需要的信息

为了开发出领行业之先、超出客户期望的强力产品，就需要前瞻性地全面获取相关信息，这些信息包括：

· 客户的潜在欲望（不是表面化的需求）。

· 现有产品的使用状态。

· 客户投诉信息（客户的痛点）。

· 竞争对手的产品和技术动向。

· 相关甚至不相关的专利信息。

· 学术界的学术论文、新材料和新技术信息。

· 探索成长领域，相关的设定和假说。

获取信息后，通过全员参与和内部专家讨论相结合的头脑风暴法，在海量信息中，从是否符合企业理念和战略的角度进行抽选，进而发现并提炼出新的产品概念。

创造从客户角度思考的体制

营销就是经营，就是创造需求。强力产品开发最重要的是明确目标客户，预见性地解决困扰客户的事情（痛点）、激发客户的激情和喜悦（兴奋点），这样才能够创造出新的需求。

木元哲认为：了解终端客户的变化和潜在需求、为客户提供帮助、持续开发行业首创的产品，这对于企业的持续经营至关重要。

而要做到这一点，就必须改变以企业为中心、以产品为中心的传统思考习惯，建立以客户为中心、以需求为焦点的新思维方式。

“经营责任者的任务，就是创造从客户角度思考的体制。”木元哲如是说。光动银杀菌冰箱、斜式滚筒洗衣机、全自动清扫马桶、自动洗净坐便器（智能马桶盖）、蒸气微波炉，还有依靠磁力线穿透锅体进行加热的IH电饭煲……这些曾经都是强力产品的典型代表。这些产品来源于对目标客户最彻底的了解——要做到这样，企业需要忘记自身立场、创造从客户角度思考的体制。

真正的产品创意都不是在会议室和研究室里冒出来的。融入客户生活，走进销售一线，宽松的工作环境，无限制思维的工作方式，在充分的信息交流和思想碰撞过程中，经常激发出诸多出其不意的奇特创意，强力产品往往便从中诞生。

★卓越实践 11／以客户为视点的产品开发

除了新产品和新技术，现有技术也是创新的资源，有时候，排列组合也是创新。松下空调在日本开发出的多款产品，所用到的技术都是现有技术，只是他们能够从客户视点提炼产品概念并彻底实施，其结果就是开发出畅销产品。

有氧气的空调

2002 年，第十七届世界杯足球赛在韩国和日本同时举行。比赛之前，世界著名球星、英国足球运动员大卫·贝克汉姆因为骨折，很多人担心他上不了场，结果贝克汉姆的出色表现消除了粉丝们的疑虑，他不但如期出场，而且还复仇阿根廷。

有细心的人发现，贝克汉姆在每一次比赛间歇，都会走进一个特定的小屋子休息。根据后续的媒体报道得知，原来那是一个富氧空间：氧气浓度高于一般空气的 21%，这使得贝克汉姆的伤情得以提前恢复。

氧气能够让人更快、更好地恢复体力。受 2002 年世界杯上的贝克汉姆启发，当时担任松下空调事业部部长的木元哲，组织开发了出氧气的空调。其原理并不复杂：空气中各组分透过膜（富氧膜）时的渗透速率不同，在压力差驱动下，使空气中的氧气优先通过膜而得到富氧空气，这就是膜法富氧技术。

自动清扫过滤网空调

空调会吸收室内空气，使之变成冷气或暖气在室内循环。空气中的脏东西和灰尘会聚集在过滤网上，如果不对过滤网进行定期清扫，就会降低空调的效率，造成制冷或制热功能不足、电力消耗增大。

在 2000 年之前的日本空调市场，卖得好的是前挡板、室内机内部零件易于拆卸、便于打扫的空调。当时，松下空调 80% 以上的销售都是通过松下专卖店完成的。而在整个行业，量贩店的销售比率占到 70% 。

每年的 2 月和 3 月通常是松下专卖店的销售淡季，利用这段时间，松下会对客户的空调进行定期清理检查，从而发现当年可能会购买空调的用户。长年如此，所以松下的产品没有零件便于拆卸的功能，因此，量贩店对销售松下空调的积极性不高，松下空调在日本的市场占有率随着量贩店的成长而持续走低。

于是，松下空调组织了一次比较彻底的市场调查。调查结果显示：相对于一般功能和易用性的要求，人们对清扫、保养的不满是最多的。那段时间，木元哲正好拜访了一个量贩店的总部，负责采购的工作人员对他说："您家的商品今年也不好卖啊，因为不好清扫。"

木元哲回到工厂，马上召集技术人员讨论解决方案，松下最终决定开发自动清扫过滤网空调。

木元哲认为：在独居老人激增的社会，老人们很愿意看到放在高处的空调可以不用打扫。这个产品既消除了消费者调查中的不满因素，又为高度老龄化的日本社会带来福音——独居老人不用再为清洁空调过滤网而爬高，消除了跌倒的危险，是真正有意义的产品。

以行业首创的自动清扫过滤网空调为契机，松下空调随后连续开发出多款强有力的产品，松下空调在量贩店的销售份额从 2003 年的 9.6%、名列第五，跃居到 2008 年的 21.3%、名列第一，而且以较大差距领先第二位的三菱空调，在日本市场处于绝对领先地位。之后，自动清扫过滤网空调成为行业的主流，其他的日本空调厂家也都开始开发具有同样功能的空调产品，松下空调再次引领行业方向。

创造强力产品的核心技术

围绕产品所处的市场环境进行开发，才能创造出强力产品。今天的时代，高龄化、少子化是社会人口结构的重要特征，重视健康和环保是新的全球性价值观，追求安全和安心是消费者的基本和长久需求，全球化和网络化（尤其是移动互联）带来了对产品智能化的要求。

巨变中的 21 世纪，为客户提供新生活方式的建议和方案，是新时期强力产品开发的典型方向。为此，企业必须顺应甚至引领时代潮流，创造差异化的强力产品来抓住和留住目标客户。

核心技术是差异化的源泉。核心技术包括环境核心技术和UD核心技术（见图3.11）。

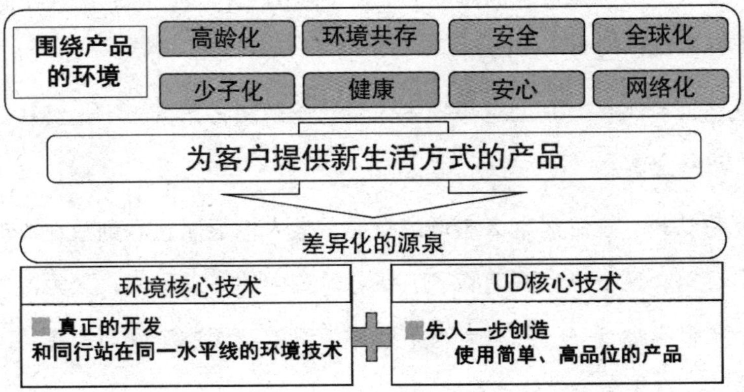

图3.11 创造强力产品的核心技术

环境核心技术是利用最新的专业技术实现产品和环境的超级融合、和谐，是真正的原创性的技术开发，是站在全球领先的高度、和同行站在同一水平线上的环境技术。

UD是人性化设计的简称，通过对设计形式和功能等方面的“人性化”因素的注入，赋予产品以“人性化”的品格，使其具有情感、个性、情趣和生命，先人一步创造简单、高品位的产品。

人性化设计就是以有形的产品反映和承载无形的普世价值观，其主要手段包括以下几种。

· 通过设计的形式要素（如外观、色彩、装饰、材料等）的变化，引发人们积极的情感体验和心理感受，即以情动人。

· 通过对产品功能的开发和挖掘，在日臻完善的功能中渗透人类伦理道德的优秀思想，如平等、正直、关爱等，使人们感到亲切温馨，即以义感人。

· 借助语言词汇的妙用，给产品一个恰到好处的命名，往往会成为人性化设计的点睛之笔，即以名诱人。

逆算营销：从最佳上市日期逆算，实现利润最大化

有了强力产品、强力品牌，企业要实现利润最大化，必须在新产品刚上市、价格最高的时候将销量最大化。要实现这一点，需要销/研/产一体化、从最佳上市日期逆算，确保在新产品上市日销量垂直上升。

垂直上升是逆算营销的最直接目标

传统的营销手法通常是在新产品上市后才开始进行宣传推广和促销活动。

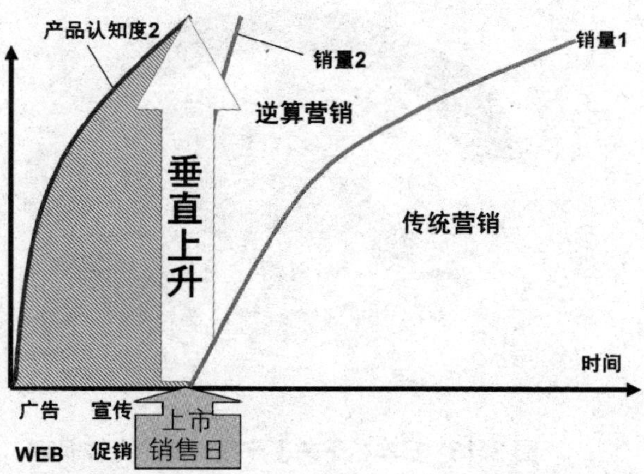

图 3.12　逆算营销：提早宣传促销，实现新产品上市后销量垂直上升

此一时期，产品的认知度缓慢上升、销量也缓慢增长，但在度过短暂的价格维持期后，产品价格就开始下降，而此时销量才增长到一定幅度，自然错过了价

格最高的市场时期，企业利润因此也就未能实现最大化。

为了做到在新产品上市日销量垂直上升，我们可以采用逆算营销的方法提前对新产品进行宣传促销，销/研/产一体化，目标是：新产品认知度在上市前垂直上升，新产品销量在上市时垂直上升（见图3.12）。

销/研/产一体化作战

在现实的企业运营中，传统制造型企业的营销、研发和生产决策大多会出现脱节的现象。由于行政化、职能化和部门化的思维定式和行为习惯，使得生产离客户的距离很远，技术部门在办公室里搞开发，营销虽然最接近市场和客户，却经常缺乏“枪支弹药”，得不到研发和生产部门及时有效的支持。

实际上，销/研/产是通过产品满足客户需求的不同环节和侧面，本质上，销/研/产做的是同一件事情——就是为客户创造价值，为企业创造利润，他们从一开始到最终都应该是一体的关系。

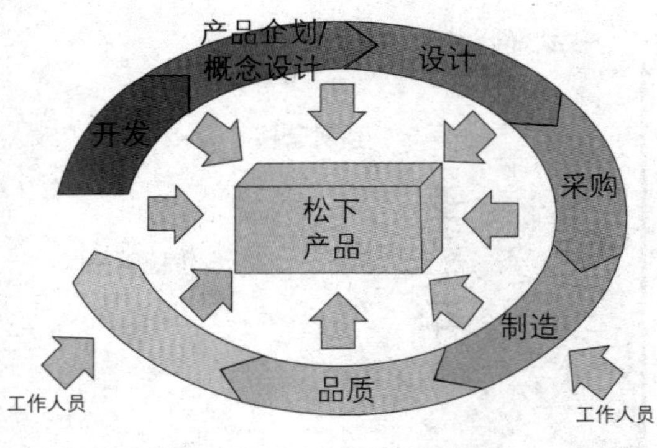

图3.13 日本松下关于产品制造的完整理解

在日语语境中，“制造”在字面上表现为“造物”，其本质意思是：制造=产出产品的全过程=事业经营=营销，要搞好制造，需要营销、研发、生产和服务全员、全过程、一体化参与。

松下公司对产品制造会从经营的高度来理解：包括开发、产品企划和概念设计、设计、采购、制造、品质和营销服务等方面（见图 3.13），以强力新产品准时上市、价值最大化为目标，各部门不分你我、既分工又配合，基于合作进行分工、基于分工进行配合，销/研/产一体化作战。

为此，日本松下公司建立了一套完整有效的产品开发体制，包括从战略会议到产品企划会议、设计评审、成本控制、品质保证，直至出货确认的全过程（见图 3.14），真正将“营销就是经营”落到了实处。

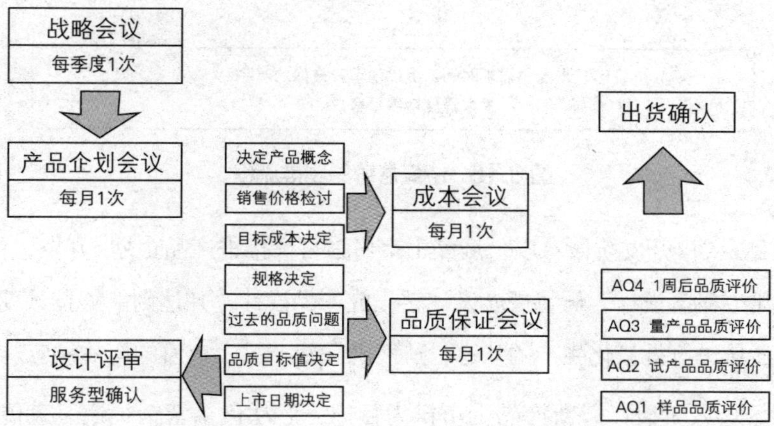

图 3.14 日本松下的产品开发体制

经营的目标是利润，经营的焦点是市场。向来以精于营销著称的日本松下公司认为，有了市场，企业才有了存在的意义，所以企业的焦点要集中到市场中去。

逆算营销：汇聚全部活动的力量

在客户最佳的需求时间，提供给客户最好的产品，最大地满足客户。

以激发新产品上市日的最大销量为目标，汇聚企业全部活动的力量，逆算营销将这一过程分成产品企划/开发和市场导入两大阶段（见图 3.15）。

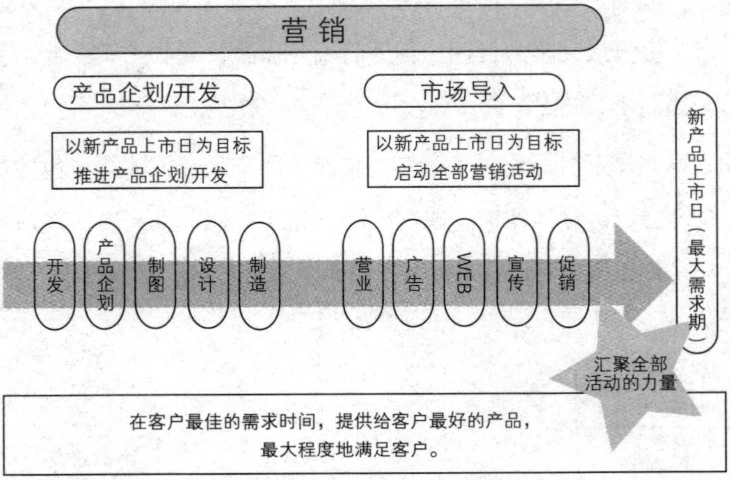

图 3.15　逆算营销的倒推流程

产品企划/开发阶段：以新产品上市日为目标推进产品企划/开发，将客户需求转化成概念设计，再将概念设计转化成产品设计，并达到能够按预期成本、按设计质量进行批量化生产的状态，从而确保新产品上市日的有效供应。

市场导入阶段：以新产品上市日为目标，启动包括营销渠道、宣传广告、网络推广和促销活动等的全部营销活动。

逆算营销的第二个重要方面，就是从新产品上市日倒推各项工作。这个新产品上市日是根据市场信息把握最佳上市时机所确定的最佳上市日期——是在客户需求和竞争分析的基础上事前确定的，一旦确定，就成为逆算营销的最终里程碑，它是所有工作的共同目标。

接下来，以日本松下的实际操作为例，说明从新产品上市日进行逆算营销的具体操作方法。虽然松下的产品都是像电视机这样的消费品（B2C），但松下实践所揭示的逆算营销的思想和方法对于其他行业（B2C或B2B）也是适用的，只是在具体形式和要点上有所不同。

★卓越实践 12

“买卖的松下”：抓住新产品最佳上市时机

新产品上市是企业经营中的大事，是产品战略的具体实施，也是品牌战略的现实执行，这项工作做得好与不好，会直接影响未来 2 ~ 3 年的企业经营。抓住新产品的最佳上市时机，用唯一的新产品上市计划统筹全局，确保价格最高时销量最大，要实现这一目标，就要进行彻底的目标管理和日程管理：从新产品上市日逆算，确保营销各项工作和整体工作的目标实现，才能确保投入大量资源的新产品战略产生预期效益。

以新产品上市日为目标进行大日程管理

大日程管理需要从流通、产品和广告宣传三大方面，提前一年进行大日程计划（见图 3.16），流通涉及销售店、销售部门和物流部门，产品涉及 PSI（生产 – 销售 – 库存，生产管理工作）、价格和样品制作，广告宣传涉及产品手册、产品目录、展示装修、海报、广告宣传等内容。

通常，在新产品上市日前一年、9 个月之前和 6 个月之前，企业要各组织一次营销产品的企划会议，推进产品的策划、概念设计和具体设计。

考虑到分销渠道当中还有老产品，如果不能及时完成老产品的销售，将会造成损失，也会影响销售店推广新产品的专心程度，因此，在新产品上市日的 6 个月之前，企业要组织老产品收结会议，目的是有计划、有组织、有策略地加速老产品的销售，确保在新产品上市日老产品售罄——零损失切换到新产品销售。老产品的收结状况是逆算营销最终效果的重要影响因素之一，因此要郑重对待，做好进度管理，在新产品上市日的 4 个月之前还要再次召开会议推动和确认。

在新产品上市日的 3 个月前，企业应以实际行动来启动新产品导入计划。

<table>
<tr><th></th><th></th><th>1年前</th><th>9个月前</th><th>6个月前</th><th>4个月前</th><th>3个月前</th></tr>
<tr><td rowspan="4">流通</td><td>专卖店</td><td rowspan="12">营销产品企划会议</td><td rowspan="12">营销产品企划会议</td><td rowspan="12">营销产品企划会议
老产品收结会议</td><td rowspan="12">老产品收结会议</td><td rowspan="12">新产品导入会议</td></tr>
<tr><td>销售公司</td></tr>
<tr><td>销售部门</td></tr>
<tr><td>物流部门</td></tr>
<tr><td rowspan="3">产品</td><td>产销存计划</td></tr>
<tr><td>价格</td></tr>
<tr><td>样品</td></tr>
<tr><td rowspan="5">广告宣传</td><td>产品手册</td></tr>
<tr><td>产品目录</td></tr>
<tr><td>展示装修</td></tr>
<tr><td>海报</td></tr>
<tr><td>广告宣传</td></tr>
</table>

图 3.16 以新产品上市日为目标的大日程管理

上市日前 3 个月的小日程管理

上市日前 3 个月，各项工作的时间配合更为重要，工作要更加细致，要以周为单位进行计划、以日为单位具体推进，做好小日程管理（见图 3.17）。

在流通方面，在新产品上市的倒数第 3 个月，第 1 周要启动新产品导入计划，第 3 周要进行新产品发表。在新产品上市的倒数第 2 个月，第 1 周要启动销售布局方案，第 2 周和第 3 周要组织洽谈会，与各销售店逐一洽谈新产品上市的具体安排。在新产品上市的前 1 个月，第 1 周和第 2 周要召开地区产品洽谈会，制订产品供应计划。在新产品上市的当月，第 1 周要启动统一店面展示计划，确保第 2 周新产品正式上市。

在产品组织方面，在新产品上市的倒数第 3 个月，要对新产品的 PSI（生产－销售－库存）进行数字化预测，同时新产品进入样品制作阶段。在新产品上市的倒数第 2 个月，第 1 周要确定新产品的 PSI（生产－销售－库存）计划，同时，新产品的价格要启动报批流程，第 3 周要进行新产品试产。在新产品上市的前 1 个月，第 1 周和第 2 周要完成新产品价格审定，第 2 周开始新产品正式批量生产。新产品的首次出货应在新产品上市当月的第 1 周进行，确保第 2 周新产品正式上市。

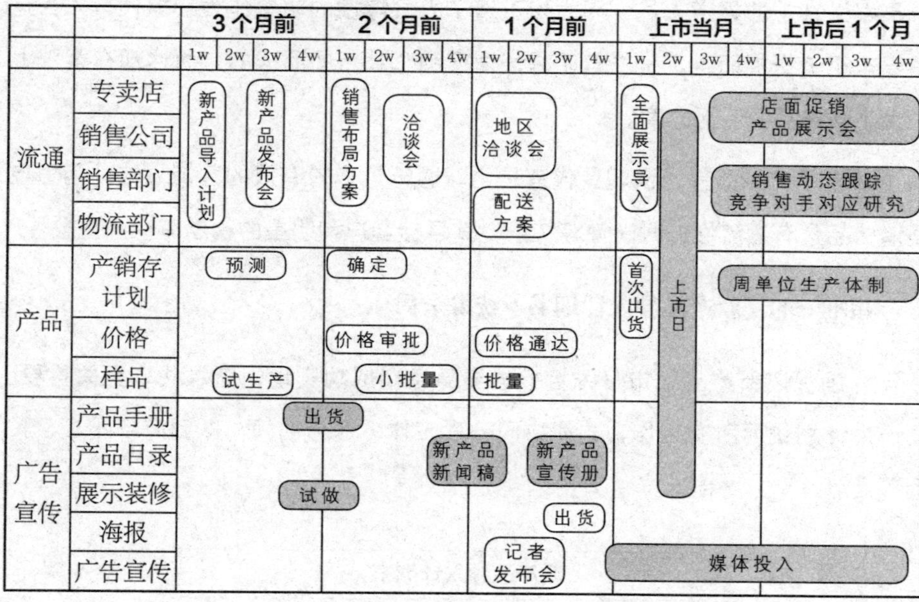

图 3.17 上市日前 3 个月的小日程管理

在广告宣传方面，在新产品上市的倒数第 3 个月，第 4 周开始要将新产品手册出货，展示物料要进行样品试做。新产品手册要在倒数第 2 个月的第 4 周开始发布。在新产品上市的前 1 个月，第 2 周要召开记者发布会，第 3 周开始产品目录要配送发货，第 4 周开始展示物料要配送发货。

在新产品上市的前两周，广告宣传要开始在媒体密集投放，一直到上市后的第 2 个月，持续时间长达 9 周。

在新产品上市后的 6 周内，流通领域要持续进行店面的促销活动，同时要密切跟进竞争对手的动向，并适时研究对应措施。在产品组织方面，则以周为单位对应生产，确保及时有效地供货。

以 2002 年日本松下发布电视机新产品为例，在新产品上市前第 6 周，松下召开了新产品发布会，当时有 855 名媒体人员到场参加，可谓场面盛大。

这么多到场的媒体人员，并非都是产经类的新闻记者，他们当中相当一部分是娱乐杂志的报道人员，因为松下请了人气爆棚的明星作为形象代言人，这些娱乐记者蜂拥而至，是冲着明星、为搜刮八卦新闻而来的，而这却在客观上扩大了新产品的传播力度。

对电子产品而言，请明星代言是全球通行且非常有效的营销方法，因为电子消费品具有潮流性、时尚性等特征，其目标客户和明星的粉丝有很大重叠。

用唯一的《新产品导入计划书》统筹全局

为确保以新产品上市日为目标的逆算营销成功实现，信息共享至关重要。用一个计划统筹所有工作，才能协同各项工作、各个部门，做到有条不紊、忙而不乱。

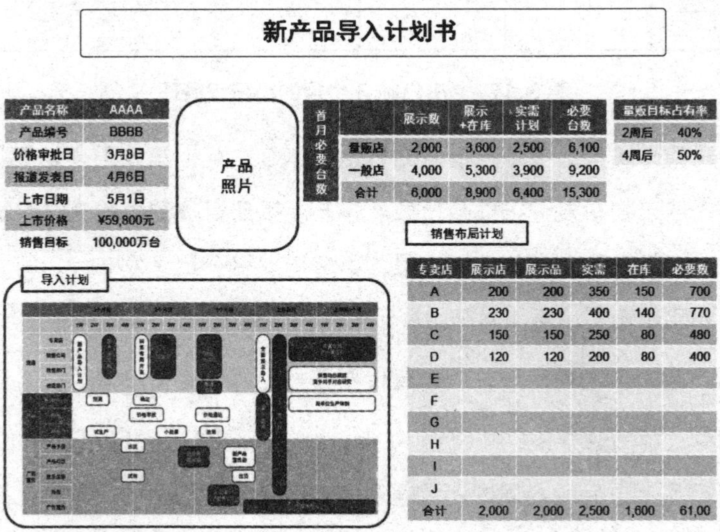

图 3.18 《新产品导入计划书》是唯一的新产品上市工作指南

因此，统一编制的《新产品导入计划书》必须是企业唯一的工作指南（见

图 3.18），这一计划书必须在所有相关领域共享，保证企业做到拥有同一个目标、同一个计划。

要知道，强有力的执行和工作质量的保证才能为产品战略落地保驾护航。

“一夜城”作战：一夜之间改变全国店面展示

万事俱备，只待新产品上市销售。且慢，还有一项至关重要的工作：销售店面转换。要确保在新产品上市日全国所有的销售店面同一天推出新产品。采用相同的店面陈设、宣传推广和促销活动，才能达到市场推广的广度和深度，才有符合行业市场生态的营销气势，才有足够的影响力和传播力。

因此，在新产品上市日的前一天，为了不影响正常的店面销售，只能在晚上 20：00 到早上 8：00 之间进行店面陈设转换：撤除原有陈设，迅速改成新产品上市的标准店面陈设。

这项工作在店面现场看起来不算太难，难点在于全局的组织。松下在日本的主力销售店超过 7000 家，要在 7000 家店同时展开一夜之间的店面陈设转换，这里面涉及的物料和样品的配送、陈设标准的培训和执行、新产品的宣传推广和促销活动等，这些要在一夜之间准备到位，确实难度很大、要求很高，但必须做到。

松下把这项一夜之间改变全国所有店面陈设，确保新产品成功上市的工作称为“一夜城”作战。“一夜城”作战是日本幕府时代的著名典故：1566 年 9 月，织田信长攻打美浓国的斋藤氏时，利用木曾川将木材沿河流运送至下游，一夜之间在尾张国和美浓国的边界造起了一座墨俣城，织田信长借助该城夜袭敌阵，获得大胜，这座城因此被称为“墨俣一夜城”。“一夜城”作战是新产品上市日之前的最后一项工作。

彻底的目标管理和日程管理，保证了新产品能够在最佳时机上市。通过逆算营销，企业能够做到在价格最高的时候销量最大，从而实现利润最大化。

这项看似营销的工作，其实是企业战略执行的重要途径，从中可以看到品牌战略、营销战略、产品战略、运营体系和团队建设等具体的经营实践。

04

第四章

企业经营创新

优化收入结构，肩负企业未来

提高经营质量的关键是进行创新经营，创建持续赢利的经营体制，培养独特的能力，通过团队作战创造经营成果。

日本松下的经营质量实践

质量不仅仅指的是产品质量，日本松下公司的质量经营实践表明：经营活动本身也存在质量管理。产品本身的质量、品格固然重要，企业陷入危机时考验的则是企业的质量、企业的品格，作为公司化身的员工代表企业履行职务，其个人品质和品格也决定了企业的对外形象。

从产品质量到服务质量

所谓质量好的产品到底是怎样的产品?

人们首先想到的肯定是没有故障的产品，随后想到的就是结实、耐用的产品。但只要是产品，最终总归还是会出现故障，而一旦发生故障，对产品及其制造企业的评价，就会转移到修理服务方面。此时，修理服务非常关键。发生故障，只要一个电话就能马上来修理；长期配备熟练的修理技术人员；随时提供修理零件；委托修理的窗口，接待客户咨询的服务人员态度好，给人以好感……这些都会成为人们对该企业的质量进行评价的内容。

从经营质量到人才质量

产品本身的质量当然十分重要，但企业的组织结构、经营活动也要有质量。

为了让客户满意，接待客户的部门应该如何组织？松下幸之助曾经说过，要生产优质的产品，必须要有优秀人才，要尽最大努力培养人才。松下电器非常重视产品质量、经营质量和从事经营活动的员工的人才质量，努力开展各种活动提高人才水平。

很多人都认为经营活动只看结果，结果只在于利润。在经营学的课本里写得非常明确——企业存在的最直接目的就是利润。这样的说法到底对不对？当经济景气的时候，比预计更好的行业繁荣能够带来销售增长，企业获得的利润也会远远超出计划，那么，这样的利润能够代表企业的真实实力吗？

用正确的方法经年累月保持良好业绩，为实现目标确立有效的组织构架，不论是经济繁荣还是行业低迷，都能保持组织的活力，实现优于同行的利润——这样的企业才是所谓的优秀企业。可以说，企业经营质量的优劣，关键在于组织活力和人才质量。

日本经营质量奖——戴明奖

戴明奖创立于 1951 年，目的是纪念美国质量管理专家戴明博士。1950 年 7 月，美国人戴明先生应邀赴日讲学。在日本期间，戴明先生向众多日本企业传授质量管理技术，因而被誉为“日本品质管理的奠基人”。

日本经济团体联合会在指导企业的质量管理手段和质量改善活动的同时，用戴明奖表彰取得优异成果的日本企业。日本企业在质量管理方面的卓越实践、日本产品在全球的高质量表现都得益于戴明奖的存在以及相关的质量管理活动。随着戴明奖的不断发展，所评价的内容也更加全面，如今评价的是包括取得客户满意的组织、活动在内的 TQM（全面质量管理）。

进入 21 世纪，戴明奖的评奖范围不再局限于日本企业，也接受海外企业的申请，目前已经有印度的企业获得过日本的戴明奖。

美国国家质量奖——鲍德里奇奖

鲍德里奇奖1987年创立于美国，该奖项授予在满足客户需求、改善客户满意度方面拥有优秀管理体系的企业。鲍德里奇奖每年的颁奖大会，美国总统必定会出席，并亲自颁奖，因此，鲍德里奇奖是非常具有权威性的奖项，是美国乃至全球企业的年度盛典。

鲍德里奇奖创立的时候，正是日本企业极具竞争力、美国制造业被高质低价的日本产品挤压、迅速衰败的时代，美国的汽车企业受到来自丰田、日产和本田等日本汽车企业的强有力冲击，经营状况持续恶化。

为创建低成本、高效率的工厂，1984年12月，美国最大的汽车厂家通用汽车（以下简称GM）与丰田成立合资公司。合资公司接收了位于加利福尼亚州的GM的工厂和员工，正式开始运营。在人员和设备没有发生任何变化的情况下，丰田的生产方式让GM时代多年亏损的工厂获得了赢利，这引起了美国各界的广泛关注，由此开始了彻底分析日本式经营体系、振兴美国制造的活动。在这种背景下，美国创立了鲍德里奇奖。由于该奖的全球性成功，日本也于1995年开始颁发日本经营质量奖。

提高企业经营质量的八大要点

评价企业经营质量的要点一共有八个，包括：第一，经营干部的领导能力；第二，经营中的社会责任；第三，客户/市场的理解和对应；第四，战略的制定和展开；第五，提高个人和组织的能力；第六，创造客户的过程；第七，信息管理；第八，活动结果。

其中，经营干部的领导能力、经营中的社会责任是关于企业经营理念的要点，要明确企业发展的姿态和目标。

接下来的第三点指的是对客户和市场的了解和理解程度。与之相关联的问题就是第四、第五、第六点，即应对市场的组织架构能否发挥作用？是否建立并实行了以理解客户和市场为基础的发展战略？为执行这一战略而建立的组织及员工的能力是否得到提高？是否有提升他们能力的方案？为创造客户价值，是否有企业所有部门参与策划的方案和流程？

总之，这三点可以归纳为一句话，即是否有提高经营质量的计划方案、组织构架和流程。最后是管理和活动的结果。

以上八个方面的评价项目是成为卓越企业的八大要点。那么，如何通过基于市场的产品创新来提高经营质量，接下来，我们分享一下日本松下公司的实践经验。

★卓越实践 13／松下的V产品认定制度

将公司名称由“松下电器”更改为“Panasonic”的日本松下公司认为：企业是社会的公器。松下认为，他们提供的是让生活丰富多彩的创意，他们向全世界的人们提供明天的生活方式的解决方案，他们将为地球的未来和社会的发展持续做出贡献。

决定设立V产品认定制度

2000年，受到IT不景气的冲击，松下公司自创业以来首次出现经营亏损。为使业绩出现V字形恢复，并重新获得利益相关方对企业的信任，松下设立了V产品认定制度。为什么叫V产品？因为V产品的“V”字，既有英语victory表达的“胜利”（竞争中取胜）的意思，也有像“V”这个字母一样快速触底反弹、一下子恢复业绩的意思。

松下总公司严格要求所有事业部门每年最少开发一种V产品。以总公司社长为委员长的V产品开发委员会开始运作，负责各事业领域经营的所有事业部长，如果未能开发出被总公司认定为V产品的产品，则对他的业绩评价将会下降。

松下公司关于产品开发制造的基本想法和要求，都已经在经营理念和行动标准中明确地表达出来了，而产品的实际开发责任则落在了事业部长身上。

V产品开发有相当难度

V产品必须能够预见客户面临的问题和需求，在解决客户问题的同时还要能够创造出新的需求和客户价值。

松下公司要求各事业部每年至少一次把V产品企划书提交给开发委员会的负责人——总公司社长。在企划书中，必须用一句话说明这件产品将给客户带来的价值，其格式是：

为客户提供……、创造……的价值

这是非常困难的事情。先不说产品，光是在做提案的时候，用一句话概括提案会产生怎样的价值都有相当的难度。但反复经历这样的过程，参与人员的表达能力、说服能力会越来越强。日本松下公司的实践表明，这种方法十分值得推广。

此外，V产品还必须是同行业首创的产品。事业部长要组织创造这样的产品，必然要求各个部门的负责人对本事业部的日常经营活动进行全面管理，从而让事业部长能够远离日常事务的烦扰，将主要精力集中在掌握客户的潜在需求、开发尚不知能用于何处的技术创意上——产品开发确实是事业部负责人最重要的工作。

接下来要介绍的Panasonic LUMIX数码相机就是松下V产品认定制度中的一个鲜活案例，类似的成功产品在松下公司还有很多。

★卓越实践 14 / Panasonic LUMIX 揭示的强力产品之道

从松下数码相机在日本本土的逆胜之道，可以窥视松下的转型之道：凭借V产品认定制度，构建“轻巧机敏的组织”，实现“大象转身跳舞”的活力。

名不见经传的松下数码相机

2001 年，松下的数码相机在日本市场的占有率只有 1.1%，位列行业第 11 位，是可有可无的品牌，甚至经常听到有人问：“哎——？松下还生产数码相机？”

当时行业老大是富士胶卷，第 2 位是索尼，第 3 位是奥林巴斯，第 4 位是佳能，第 5 位是卡西欧——排名第 1、3、4 位的都是传统的光学相机厂家，排行前五名的公司占当时市场份额的 80%。历史悠久的传统相机厂家与具有绝对品牌力的索尼公司展开竞争。

生死决策：是否要保留数码相机事业部

2001 年，正是从光学相机向数码相机过渡的转折点。松下虽然拥有光学相机部门，但一直不太起眼。从摄像机部门独立出来的数码相机部门也没有利润。松下当时正面临着战略选择：是否保留数码相机事业部。

让我们来详细看看当时的市场状况。购买者分析显示：新购产品占 78%，更新换代和增购新品只占 22%。在年龄层次上，40 岁以下的客户占 81%，50 岁以上的中老年人占 19%。从性别来看，男性购买者占 78%，女性购买者仅占 22%（见图 4.1）。由此推导出的结论是：如果继续开发跟第一梯队品牌同样的产品，松下将永远无法战胜索尼和佳能。如果松下不拓展自己独有的客户群，就没有生路。

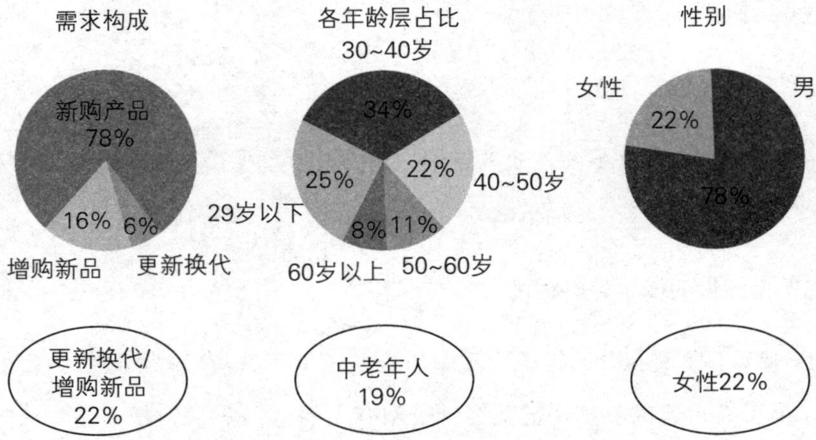

图 4.1 2001 年日本数码相机市场客户属性分析

聚焦目标客户：松下只为女性做数码相机

索尼的购买人群是 30 ~ 40 岁的知识阶层和索尼品牌的忠实用户。以佳能为代表的光学相机的购买者，多是 20 ~ 40 岁的男性摄影爱好者。

松下决定以女性客户为目标来开发产品，此产品不仅要让不懂相机的女性也能方便使用，同时还应具有别的品牌产品没有的独特功能。

松下相机的开发思路是：以 20 ~ 40 岁的女性为目标客户，通过稳定的图像彻底实现产品的差异化。松下相机选择的独特功能是防抖，不管怎么乱按快门，画面都不会抖动虚化。虽然现在什么品牌的相机都具有这项功能，但在当时销售的时候，这是只有松下才能提供的独家技术。

当时松下的产品战略是：

- 始终坚持为女性开发相机产品的方向不变。
- 不断开发业界首创的女性用系列产品。
- 逐渐增加市场占有率排名第一的独特产品。

围绕目标客户，功能持续进化

松下相机确定了新的产品战略，完全抛弃了旧有的产品线，Panasonic LUMIX以全新的面貌出现在客户面前。围绕20 ~ 40岁的女性消费者这一细分客户群，松下相机最先以“防抖功能”为主打概念，在随后的精巧相机上，2006年在行业内首创28毫米广角；2007年实现人工智能，开发了不论什么状况都能确保拍摄出清晰照片的自动IA系统；2008年实现了拍摄物即使在运动中也能追踪对焦的功能。

为什么要追踪对焦呢？20~40岁的女性，随着年龄的增加，由恋爱到结婚，之后有了自己的孩子，孩子是好动的，自动对焦就满足了给孩子拍照的需要。可见，在围绕目标客户需求进行产品开发方面，松下相机可谓是下足了工夫。

品牌战略：以确立品牌标识为目标

松下相机不断推出行业首创的产品，不断推出超越客户期待的创新功能，不断让产品更新升级，同时，根据目标客户群的特点，在广告影像中还使用滨崎步作为形象代言人。滨崎步是当时的流行音乐女歌手、演员、模特，在女性中具有压倒性的超高人气，能够代表独立自主的女性形象。

由此，借助滨崎步的超高人气，培养Panasonic LUMIX的粉丝，使得Panasonic LUMIX在数码相机市场上确立了自己的地位。

日本松下的数码技术、德国莱卡（Leica）的光学技术、请滨崎步做形象代言人，松下实施面向目标客户群的这些举措，目的只有一个：确立客户对产品的信赖，获得目标客户群的共鸣——松下相机的品牌战略是：让消费者在松下相机、莱卡技术和滨崎步三者之间建立关联。

松下相机的市场占有率变化

根据日本的市场调查公司GFK的统计数据分析显示，2008年，也就是松下相机进入日本市场的第8年，Panasonic LUMIX在精巧型数码相机市场的占有率为19.4%，排名第一（见图4.2）。能够取得这样的成绩，是因为松下相机针对女性用户群不断实施产品开发，在防抖和时尚性的基础上，不断推出行业首创的产品。在新品发布会上，松下相机曾对销售店面提出："这种产品是专为女性开发的，请不要销售给男性。"这不是玩笑，是真话，在当时传为美谈。

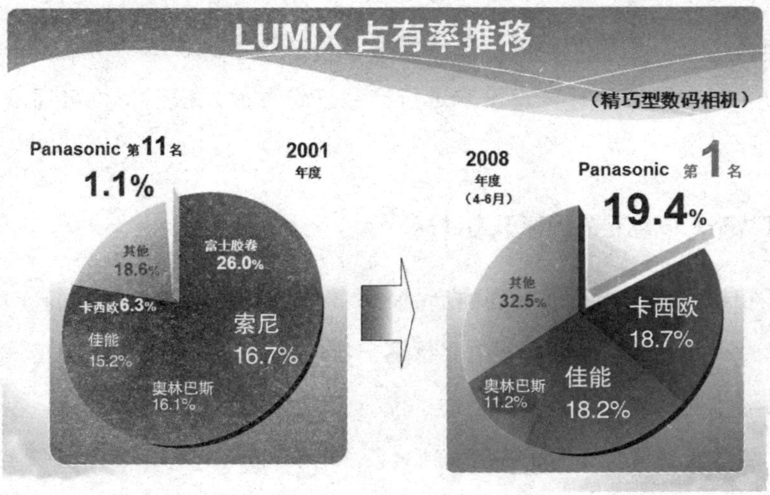

图4.2 松下相机的市场占有率变化

顺应市场变化，拓展目标客户

从2001年到2007年，数码相机市场的客户群发生了很大变化（见图4.3）。从2007年的市场状况来看，随着数码相机的普及，更新换代、增购产品的客户占到了71%，50岁以上的中老年客户占到32%，女性客户占到37%。从2007年开始，松下相机将目标客户从过去的女性人群扩大到了中老年人群。2008年，松下相机发布了同行业最轻的单反相机。

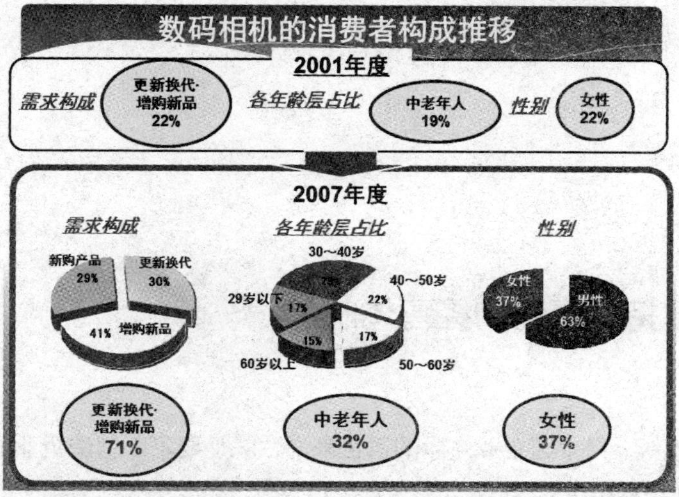

图 4.3 2007 年日本数码相机市场客户属性分析

数码相机消灭了菲林相机，智能手机正在消灭数码相机

技术在进化，产品也在进化，市场也随之在发生着变化。1999 年数码相机登场，仅仅用了五六年的时间，光学相机便被数码相机取代。根据日本相机映像机器工业会（CIPA）的统计数据显示，光学相机的全球销量在 1998 年达到 4000 万台的顶峰，而数码相机的全球销量则在 2008 年达到 12 000 万台的顶峰。到 2014 年，全球数码相机的销量急剧下降，几乎快被智能手机取代了。

虽然全球数码相机市场逐渐衰退，松下在Panasonic LUMIX数码相机开发过程中积淀的核心技术，使之成为智能手机时代的核心零部件厂家，松下数码相机事业仍然欣欣向荣。

2014 年 2 月 14 日，美国《商业周刊》印刷版刊登了题为《日本科技巨头一片惨淡，松下独自复苏》的文章，称松下把握住了复兴的机会。松下是目前日本大公司中转型最成功的一个，主要涉足氢能源、智能汽车、智能住宅、医疗、电力和航空等领域，其业务形态正在由B2C向B2B转变。

创建持续赢利的经营体制

经营革新，用中国企业熟悉的语言来说，就是要不断创造企业的赢利增长点，实现可持续发展。

经营愿景明确化，全体组织共有化

描述清晰的愿景，通过信息共享，使之成为全体员工共同努力的方向，这是引领企业推进经营革新的第一步，否则员工就容易满足现状，忽略长期目标。

创造事业概念，拓展未来的事业领域。任何新的经营业务都是从零开始、从小到大的，今天做企业、做业务不是简单地从发现商业机会开始，而是要洞察社会的变化，把握潜在需求，通过创造事业概念，拓展经营思维，从而发现一片新的天地。家具、化妆品、服装、住宅……日本松下把生活产业定义为“幸福事业”，从20世纪60年代开始拓展出经营新领域，至今，松下的“幸福事业”已经成为其四大产业之一。

选择相对集中的目标客户。企业并不是泛泛地为所有客户服务，而是要对市场进行细分，根据企业的自身条件，避免与强大的竞争对手直接竞争，扬长避短，选择为特定的目标客户服务——这些目标客户可能是小众，其需求却是现实存在的、很特别的，却往往被同行忽略，这就要分析特定客户的需求是什么？如何满足客户？这其实就是进行清晰的市场定位，这种策略被称为“利基战略”。

明确企业“未来应该有的状态”“未来想要达到的目标”。这个目标是指基于事业概念和目标客户而制定的三至五年的中期发展目标，企业可以据此分解到每一年度的业务目标，为年度经营提供清晰的数字标准。

为了实现经营愿景，明确需要的独特能力

要为特定的目标客户服务，必然要培养为之服务的独特能力——这种独特能力是同行不具备的、难以简单复制的。

建立同行难以模仿的独特体制。企业要根据自身特点，创造别具一格的组织方式和工作方式，松下的V产品认定制度，销/研/产一体化的产品开发体制等，都是这方面的成功范例。

明确现状和愿景的差异。愿景是美好的，现状是实实在在的，两者之间的差距就是企业应该努力的目标，只有清晰地将其描述出来，才能激发团队的业务实践。

检讨目标及其达成的方法。有了目标，接下来就要检讨通过什么路径、要做哪些事情朝愿景努力。例如，广东某家具公司根据企业愿景制订了从V1.0（衣柜）到V2.0（定制家居，中期目标），再到V3.0（智能家居，长期目标）的业务战略。这样一来，未来三年要在市场推出什么产品，销/研/产如何一体化运作，这些路径就都要研讨出来。

为实现愿景，创建学习型组织

为特定的目标客户服务，实现企业愿景，为此企业应该创建学习型组织。彼得·圣吉在1990年提出的学习型组织的概念，是当前的市场环境对企业实实在在的要求，问题是应该怎么做呢？下面提供一些参考。

提高员工的意识和对信息的敏感度。行为是受意识支配的，如市场意识、

客户意识、产品意识、质量意识、服务意识……提高员工的意识，需要通过基于五项主义（现场、现物、现实、原理、原则）的一系列业务活动，全面缩短企业内部各个部门、所有员工与客户的距离，强化全员对信息的敏感度，从而为DBM（基于数据的营销）创造信息基础。

营造以客户为导向的企业氛围。改变以企业为中心、以自我为中心的思维方式，所有的事情都需从客户角度出发，抛弃私心。

培养以客户为导向的组织风气，推进组织管理的成熟。日本曼丹株式会社以做男性化妆品起家，他们用信息卡捕捉每一个客户需求，逐步建立了以客户为导向的风气，堪称这方面的典范。

持续赢利是企业得以活下去的前提，为了实现持续赢利，企业不能“躺”在老客户身上睡大觉，业务上不能一直吃老本，持续进行经营创新，不断导入新业务，企业才能活水自来。

★卓越实践 15／日本曼丹：培养连续创造畅销产品的组织风气

资生堂、SK－Ⅱ、FANCL、DHC……日本制造的化妆品深受东方消费者的喜爱。其实，日本的化妆品企业除了若干全球知名品牌，还有不少小微企业，他们专注细分市场、精耕细作、潜心磨砺、创新经营，在获得消费者认可后逐步拓展市场，发展成为公众品牌，凭借各自的独特秘籍，他们的产品一样走出日本、畅销全球，曼丹公司就是其中的代表。

深耕亚洲市场：从“金鹤”到“丹顶小鸡”再到“曼丹”

创立于1927年的日本化妆品企业金鹤香水株式会社（以下简称“金鹤香水公司”），是一家专为男性生产化妆品的企业，该公司1933年推出“丹顶小鸡”牌化妆品，成为风靡一时的大销产品，从而奠定了企业发展的市场基础。1959 年，公司更名为丹顶株式会社。

1958 年，金鹤香水公司即开始走出日本、拓业海外，在菲律宾的马尼拉设立公司，这在当时的日本企业界可谓是非常大胆的创举；1969 年，金鹤香水公司又在印度尼西亚设立公司，进一步拓展东南亚市场。基于金鹤香水公司对日本企业瞄准海外的指标性贡献，1970 年，日本通产省授予金鹤香水公司“出口贡献企业”称号，由通产大臣予以表彰。

不断开发畅销产品，不断创新销售途径

持续开发畅销产品，是企业经营的关键所在。

1970 年，金鹤香水公司在日本开风气之先，在化妆品行业率先聘请当红的美国好莱坞巨星查尔斯・布朗森作为形象代言人，召开“曼丹”品牌新产品发布会，推出 9 大类 10 种男性用化妆品，并于 1971 年将公司更名为“曼丹株式会社”（以下简称“曼丹公司”）。从此，40 多年来，曼丹公司的产品系列全部用男性名字命名。

1978 年，曼丹公司消除层层代理的中间环节，向销售店直接供货，又在日本化妆品行业首家同时推出盖茨比（Gatsby）和斯波尔丁（Spalding）两大明星同时代言的双线作战营销战略。

1984 年，曼丹公司开始涉足女性化妆品市场；1985 年，成立米克（爱尔兰男性名字 Michael 的昵称 Mick）株式会社，专门开拓面向女性消费者的上门销售。

1989 年，曼丹公司又在日本首家推出无香精男性化妆品“卢奇多（Lucido）”系列；1993 年再次推出无香精女性化妆品“卢奇多 L（Lucido L）”系列。1999 年，曼丹公司针对过敏性皮肤的女性消费者，采用邮件销售 E/O 护肤系列产品。

培养连续创造畅销产品的组织风气

开放创新的组织风气，是畅销产品的无形之源。

曼丹公司首先在理念上确立自己的事业定位，“通过美丽和健康，给舒适的生活带来帮助”，这是曼丹公司对企业使命的描述。为了践行这一使命，他们从三个方面下工夫，培养创造畅销产品的组织风气。

始于消费者，终于消费者。曼丹公司将“美”“健康”“清洁”和“喜悦”作为经营的关键词，开发有魅力的产品，以产品和服务为消费者创造价值。

全员参与经营。为了提高企业价值，曼丹公司以个人和组织能够持续成长为目标，尊重个性和自由，通过能够让人发挥丰富的创造性的团队活动，培养开放的企业风气。

与社会共同发展。在满足消费者的同时，曼丹公司还关注利益的相关方，通过创造融洽的社会关系，贡献于社会发展。

为此，曼丹公司制定了明确的行动方针，他们发明了一个特别的企业词汇——“考働”，意思是一边思考一边行动、在思考中行动。在日语汉字中，“働”表示劳动、工作的意思，“行动”的发音和“考働”的发音是一样的。

社会每天都在变化，我们必须一边思考一边行动，并努力进行创意。平时“考働”的积累，可以实现“Only one 企业”。曼丹公司的行动方针以“考働”为中心，包括以下七条。

· 提高价值的考働。产品/服务的价值＝功能 ÷ 价格，创造价值最大化和向消费者提供价值的体制。

· 自我实现的考働。通过工作实现自我的场所是企业，公司和个人应共同学习、共同成长。

· 提高收益性的考働。努力工作，不断提高经营效率，持续扩大企业效益。

· 伦理的考働。对社会表示真诚的感谢，遵守法律和公司规范，保持正确的判断力。

· 与客户共同协作的考働。与消费者共享理念，与能够长期相互繁荣的企业维持紧密的合作关系。

· 保护环境的考働。参与解决环境问题的社会活动，是企业存续的必需条件。

· 贡献社会的考働。为了能够长期稳定地对社会做贡献，把对社会做贡献纳入到事业活动中。

除了上述行动方针，曼丹公司还长期培养把客户当作“消费者”考虑、思考后再行动的风气。他们创造了独特的企业语言，如不叫“客户”，而要叫“消费者”；将“卖场”称为“买场”；“制造产品”被称为“创造价值”；将“参加”改称“参与计划”“参与改革”；“行动”必须叫“考働”……这些语言在无形中被灌输了相关的意识，从而促使员工的工作行为逐渐发生变化。

DMB 营销实践：用信息卡捕捉每一个客户需求

“以客户需求为中心，创造超越客户期待的产品”，这样的陈词滥调固然正确，关键是：企业怎样把握真正的客户需求？如果不能真切地把握客户需求，又如何能够创造超越客户期待的产品呢？

曼丹公司的做法是运用信息卡捕捉每一个客户需求。他们发动所有的员工都来参与搜索消费者需求的信息卡活动，所有与消费者直接或间接接触的员工，只要看到或听到消费者关于化妆品的需求描述，就立即把它记录在信息卡上面——公司向所有员工发放的一张小幅面纸张，用于记录来自市场上消费者的需求信息。

“有治青春痘的化妆品吗？”

“要是这个瓶子的颜色淡一点就好了。”

“其他都很好，不过这种气味我有点不喜欢。”

“我觉得你们这款产品不如资生堂的好”……

不要犹豫，赶紧记下来，这些稍纵即逝的只言片语，不正是消费者需求的最直接描述吗？虽然我们现在没有这种产品，但新产品的创意不就可以由此获得灵感吗?

员工记录的信息卡会每周上交，曼丹公司将所有信息录入信息系统，定期对这些信息进行统计分析，消费者的抱怨、投诉、期待、建议，甚至是吹毛求疵，都是产品改进和新品研发最重要、最有价值的需求来源。

2015 年，在曼丹公司的信息卡活动中，平均每人每年收集 400 张信息卡，有的员工甚至高达 2000 张以上，平均每天超过 5 张。这项活动有效地保持了全体员工对消费者需求的敏感度，激发了员工参与企业经营的常态化动力，为新产品开发创造了最肥沃的土壤。

如今的曼丹公司，已经是面向男性和女性消费者提供全系列产品和服务的综合性化妆品企业，近二十年来销售收入以每年 6% 的比率持续增长，2015 年的销售额为 709 亿日元（约合 35 亿元人民币），净利润 70 亿日元。

美国的企业在 1990 年代推出了 IT 主导型营销战略，日本企业在经营实践中把它称之为“DBM（data base marketing，基于数据的营销）”。曼丹公司创造的信息卡活动，就是 DBM 的典型范例，也是他们践行“始于消费者，终于消费者”、培养连续创造畅销产品的组织风气的有效手段。

★卓越实践 16／利基经典：美国西南航空的织网术

在经营方面表现卓越的公司，其目标客户的选择都非常集中，他们培养和发挥独特的能力，创造稳定的细分客户群。在全球市场，采用这样的利基战略的“达人企业”很多。

从 1973 年至今，连续 40 多年赢利，成为全球民用航空行业持续赢利时间最长的公司，不论是“911 事件”，还是 2005 年的航空燃油暴涨，抑或是 2008 年的全球金融危机，全球航空市场哀鸿遍野时，他却能一枝独秀。美国西南航空，就是这样的达人企业。

另辟蹊径，从被忽略的小众需求切入市场

第二次世界大战结束，全球民用航空市场崛起，随着民用航空飞机的快速发展，坐飞机出行成为众多高端人士的工作常态。20 世纪 70 年代的航空市场，主要还是在各大城市之间开通航线，满足的是中心城市快速移动的需求，因而逐步形成了航空交通枢纽城市。

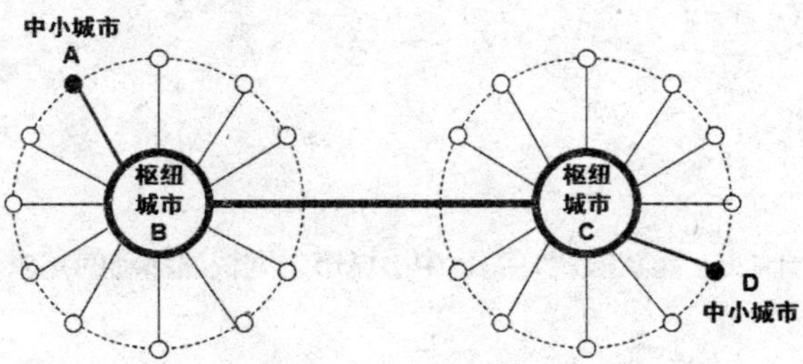

图 4.4 轮形模式：中小城市之间快速移动的需求被忽略

例如，枢纽城市B和枢纽城市C之间开通有直达航班，如果某人要从中小城市A前往中小城市D，他必须乘车前往枢纽城市B搭乘前往枢纽城市C的航班，再从枢纽城市C乘车前往中小城市D。即便是短途城际交通，也必须通过枢纽城市中转，这种业务模型被称为轮形模式（见图 4.4）。显然，在传统的航空市场，中小城市之间快速移动的需求被忽略。

美国西南航空在成立之初，就进行了充分的市场分析，为了避开与美国联合航空公司（1926 年创立）、美国达美航空公司（1928 年创立）和美国航空公司（1930 年创立）三大巨头的正面竞争，美国西南航空发现了被忽略的中小城市之间的城际交通需求，从而确定了为这部分细分客户服务的市场定位。

美国西南航空的具体做法是：在中小城市之间开通高密度的直达航班。例如，如果某人要从中小城市A前往中小城市D，他随时可以拎上包奔赴机场，买最近出发的城际直达航班即可。即便是短途城际交通，也可以通过密集的直航航班实现快速移动。这种业务模型被称为网状模式（见图 4.5），极大地填补了细分市场的空白，满足了小众消费者的需求。

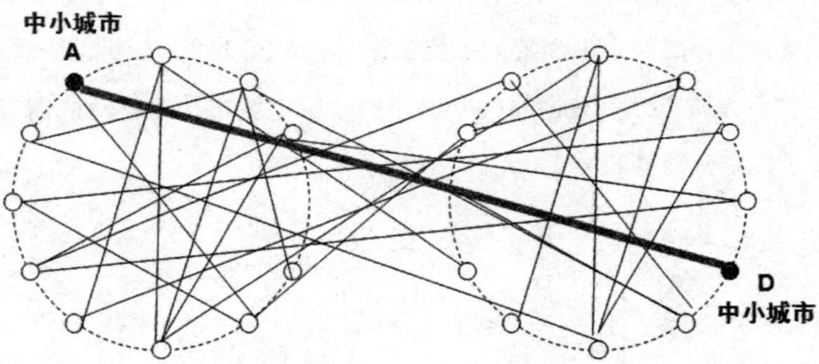

图 4.5　网状模式：满足中小城市之间快速移动的需求

抠门公司，却有一大批粉丝客户

优势是相对的，也是可以创造的。与当时的三大航空巨头相比，美国西南航空看起来没有什么优势，为了避免与他们直接竞争，除了主攻中小城市城际直达航班，美国西南航空拿出的第二个撒手锏就是低成本战略。

当坐飞机还是特定人群的高端消费或职务福利的时候，美国西南航空做的却是把它平民化，让普通人也可以根据需要坐飞机出行——廉价航空的概念由此诞生。

低价格并不意味着低利润或没利润，前提是要有低成本能力支撑。美国西南航空的策略是：使用地方小机场，机场使用费低；与其他航空公司不断升级的豪华客机相比，美国西南航空讲究实用，他们飞机机型只有一种——波音737。这样，不但便于维护和调配，还因为航线密集，飞机的使用率高，分摊成本低；航班绝对准点，客人从到达机场到出发只要30分钟；没有指定座位，登机牌是塑料做的，可以循环使用；如果没赶上这趟航班，就等一个小时后的下一趟航班；飞机上不提供餐食，如有需要可以付费购买……

一系列降低成本的措施，使美国西南航空用有利润的廉价，成功切入美国航空市场。只有中短途的点对点航线，没有长途航班，更没有国际航班；时间短，班次密集，像空中公共汽车。美国西南航空通过一系列的交通便利服务，挖掘出潜力巨大的美国廉价市场。

“抠门”不是坏事，美国西南航空不但对客户抠门，对自己也抠门——可是大家都乐意，抠门抠出的结果，就是坐飞机像坐长途汽车一样，可以不假思索、说走就走。

美国西南航空的低价战略，打破了民用航空传统的高价规则，因此美国西南航空被人们称为“打折航线”。凭借这一战略，他们也创造了一大批粉丝客户，其常客户群越来越大。

独领风骚，全面进军市场

凭借上述战略，美国西南航空非常快速地渗透到美国全境的城际航空交通市场，很多大航空公司撤退的不赢利线路，也快速被美国西南航空填补。目前，美国西南航空在美国有61个通航城市，机队数量高达722架，其市场占有率逐步提高。根据国际航空运输协会（IATA）的权威报告显示，2014年美国西南航空旅客运输量为1.290 8亿，仅次于美国达美航空，在美国国内市场排名第二；同时，美国西南航空在全球低成本航空公司中排名第一。

虽然是从中小城市城际交通切入市场，在建立了客户口碑和粉丝群之后，美国西南航空的市场品牌也逐步确立，随之他们也逐步切入到交通枢纽城市，在中心城市之间开通廉价航班。目前，美国西南航空在芝加哥、凤凰城、洛杉矶、圣路易斯和匹兹堡等城市都开通了航班，这也意味着他们开始与曾经的行业巨头直接竞争了。

持续经营创新，“员工创造不同”

“员工创造不同”，这是美国西南航空的口号，他们认为，工作激情是“低成本领袖”的源泉，而活跃的工作氛围是员工激情和创造性的前提。

美国西南航空通过调动员工的积极性，不断进行经营创新：通过与其他航空公司代码共享，为客人提供联程服务，方便远程旅行；实行双重票价策略：高峰票价和低峰票价差别化，满足不同时段的客户需求，提高整体运营效益；与时俱进，从店面售票到电话订票，再到网络销售，推出常客户计划，目前美国西南航空超过 70% 的客人都是通过公司网站订票，客人还可以在任何一台台式电脑上打印自己的登机牌，超过一半的客人自助值机……

价格低、服务好，航班密集、出行便利，快速登机、环境友善，准点、安全，常旅客系列优惠……廉价战略和低成本优势，使美国西南航空的航班成为真正意义上的“空中巴士”。自 2005 年以来，美国西南航空连续十多年获得美国航空业客户服务第一名。

市场、社会都在不断发生变化，面对未来，企业应该提升自身的竞争力，要知道，不能够应对变化的企业，是无法继续存在的。美国西南航空发展壮大的实践说明：选择特定的目标客户群，用有限的资源专注于细分市场，培养和发挥本企业独特的能力，这样的利基战略是大多数企业可以选择的成功路径。

如何创造独特的能力

经营创新要做到与旧不同和与众不同，依赖的是独特的能力。培养企业独特的能力，可以从业务的卓越性、强化和客户的关系，以及创造新产品、新技术的优越性三个方面着手。

创造业务的卓越性

企业应具有为客户提供价值的卓越业务体制，其输出结果就是客户感受到的“这家企业和其他同行业企业不一样”。

差异化是客户感受得到的，而不是我们嘴巴上说的。

价格。“超便宜”固然是客户可以最直接感受到的差异化，“高档产品、实惠价格”更是现在大多数中高端客户看重的差异化，其承载的超高让渡价值更吸引人。所以，价格的差异化不只是打价格战。

质量。精品质量是留给客户深刻差异化感受的最重要途径，它来自独特的消费体验、高度的可靠性、高度的符合性、高度的一致性和高度的稳定性。

交期。快速交货是抓住市场机会的关键，更是客户除了价格之外最容易建立差异化认知的因素，因此，企业需要在流程设计上采取极简主义。

品种齐全。从单款产品切入市场，然后逐步系列化、多样化，提供给客户全面选择，或者整体解决方案，全面满足客户。

市场响应机制。时刻关注目标客户群的需求变化，特别是不放过哪怕是非常“奇葩”、怪异的个别需求，从少数洞察多数、从少数发现多数，条件反射式地响应市场。在这一点上，日本岛津制作所绝对不说“NO”的服务就是代表。

强化和客户的关系

维护和特定客户（目标客户）的紧密关系，建立信赖，长期合作，这是创造独特能力的第二个着力点。

解决客户的问题。一般情况下，人们总是在创造奇特产品方面挖空心思，殊不知，客户当前的困扰也是创意产品的另一大来源：关注目标客户头痛的问题，帮助他们消除“痛点”，这样更容易获得客户信赖。

创立于 1980 年的日本化妆品品牌芳凯尔（FANCL），能在巨头独霸天下的日本市场快速确立自己的地位，就是因为他们发现了对化妆品过敏的消费者的烦恼，进而开发出不过敏的化妆品。其品牌“FANCL”的寓意就是“赶走不安”，通过生产不添加任何防腐剂的化妆品，让过敏体质的消费者能够安心使用美丽产品。帮助客户解决问题，是强化客户关系的第一步，也是企业安身立命的根本。

加强客户的参与度。很多产品是客户参与型的，比如理发、美容、培训；也有很多产品似乎是不需要客户参与的，比如扫地小机器人、洗衣机等。客户是为企业产品买单的人，也是产品的使用者，企业应摒弃“我生产、你使用”的传统思维。今天的时代，客户的参与程度对提高客户满意度、强化客户关系至关重要。

客户参与的途径有很多，企业可以根据自身的业务和服务流程进行专门设计，例如快递行业，消费者通过查询系统可以随时掌握自己的快递流动状态，这会让消费者对快递公司的信赖感大大提高，如果有需要，消费者还可以立即给派件的快递员打电话沟通情况。

客户信息的数字化。在传统模式下，客户信息掌握在与客户直接互动的少数员工手上，企业对客户信息的掌握是点状的、断续的、碎片化的、非统计的，如果要对客户进行全面分析，企业面对的只能是支离破碎的信息。

全面把握客户信息，通过IT系统全过程记录和活用客户信息，这是对客户进行全生命周期管理的大前提。

创造新产品、新技术的优越性

营销的价值在于增量，经营的价值也在于增量——经营的实现在于营销。因此，对应客户需求，不间断地开发新技术和新产品，是企业持续经营的唯一途径。

另外，经营创新还需要开发新的服务系统，创新与客户互动的途径和方式，特别是要与最新的消费理念和生活方式相结合。试想一下：网络时代，吃饭不能微信支付，这样的餐厅还能活得好吗？不能手机办理登机牌，这样的航空公司能留住“90后”旅客吗？

创造独特的能力，实现和竞争对手的差异化，不论是创造业务的卓越性、强化和客户的关系，还是创造新产品、新技术的优越性，都要让目标客户产生与众不同的体验（这个“众”指的是竞争对手），进而创造客户认同。也就是说，独特的能力最终要体现在客户端。

企业经营是团队战

企业经营不是老板的专职，而是全员的责任。企业的经营成果是由战略、战术、武器和兵力四大要素决定的（见图 4.6），不论是事业定位、PDCA 循环、独特能力的培养，还是一线人才，企业经营都需要群策群力。

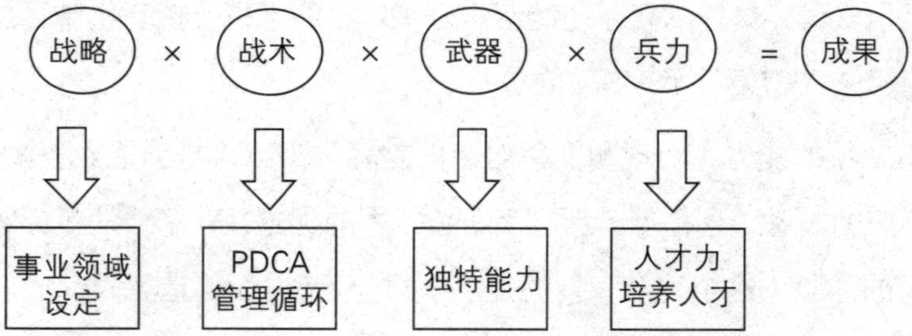

图 4.6 决定经营成果的四大要素

衰退企业的特征

以改革著称的日本企业家、曾任日本松下社长和会长的中村邦夫先生总结了衰退企业的四大特征。

傲慢，不听取客户的声音。傲慢的人并不知道自己傲慢、不认为自己傲慢，企业也是一样，所谓傲慢还是不傲慢，是要站在客户的角度来感受和评价的。

自我满足。总是认为自己是正确的，本公司正在做“好”的产品，客户不买我们的产品是客户不好，整个公司都蔓延着这样的意识。

关起门来经营。不是出去和客户面谈，只是在公司内部进行没有结果的议论。关起门来制定战略，关起门来讨论营销策略，关起门来设计，关起门来搞生产，这样的自我封闭自古以来就是企业失败的源头。

害怕摩擦。缺乏挑战的意识，缺乏破坏旧制度和体制的组织风气。

只有不断革新经营才能持续赢利，只有持续赢利才能不断发展。傲慢、自我满足、自我封闭、害怕摩擦，企业如果出现这样的境况，就要警惕了。

通过 PDCA 管理革新经营

经营创新需要企业进行变革。企业可以从转换观点、以客户为中心、创造价值接触点三个方面，通过PDCA循环推动企业革新。

观点转换的PDCA循环。根深蒂固地接受“客户总是对的”的观念，“必须倾听客户的声音，感受市场变化”。

训练洞察力：不断地自我提问：“维持现状好吗？”

强化危机感：“这样是不行的。必须要做点什么！”

问题意识：能够感觉到什么很奇怪。

当事者意识：在全体员工中持续不断地营造“我不做那谁来做”的责任意识，出现问题，第一接触者主动出来担当。

迅速的行动力：不要犹豫，说做就做。

客户为中心的PDCA循环。所有的经营活动都要以客户为中心，不断进行点验和评价，做好将改善目标落实到具体工作人员的活动计划。由经营高层主导PDCA循环，这是很重要也是很容易被忽略的方面。

创造价值接触点的PDCA循环。企业的存在价值，是由客户的接触点决定的。企业与客户的接触点在哪里？在产品的三要素。为了将客户意识真正落到实处，企业务必对所有的客户接触点进行评价，并推进改善。

客户是企业的财富。那些不惜一切代价、努力理解客户需求的企业，最终能够被客户信赖。竞争对手固然要关注，但竞争对手并不可怕，最可怕的是忘记了客户。

创造学习型组织的体制

人们常说：幸福的人都是相似的，不幸的人各有各的不幸。如果从企业经营的角度审视，则应该这样说：失败的组织都是相似的，成功的组织却各有不同。

失败组织的共性特征是员工的"意识"淡薄，而胜利组织则大都可以做到"意识"的连锁常态化。从失败迈向成功，有六级台阶。

· 认识到改善、革新的重要性，开始学习和改变体制。

· 把改善、改革的学习固化下来，让一部分体制机能化。

· 由经营干部带领进行改善、改革，体制机能化出现成果。

· 活跃于改善、改革活动，体制标准化在很多领域能有良好的成果。

· 把全体组织的改善、改革的学习固化下来，形成良好的成果。

· 实现卓越的体制，在所有的领域中取得世界顶级水平。

说到经营创新，一般人总是认为很难，而另一些人却又总能发现市场机会。

通过培养以客户为中心的组织风气和组织能力，把握客户的痛点和兴奋点，经营创新似乎又变得不是那么难了。关键是，企业要面向未来五年、十年，甚至是二十年，从持续发展的角度，把经营创新真正当作事情来做。

05

第五章

事业部制：企业组织变革

创建全员自主经营体

市场环境和社会环境是变化的，企业要想在变化的环境中生存和发展，必须进行组织变革，以变应变。

顺应多元化经营需要的事业部制

创新是战略转型的前提，企业应打破原有的商业模式，在市场（客户）、产品和服务创新上实现突破。

从战略到经营

21 世纪，跨界是创新的必由之路。战略转型是企业基于创新而确定的新方向、描绘的新愿景，战略落地需要依靠中期发展目标绘就的企业蓝图，中期发展目标分解得到年度经营目标——年度经营才是行动性的。

战略决定了企业的大方向，中期目标规划出企业的发展步骤，而经营是年度性的，是落实中期目标的具体业务行为。

经营是什么？经营就是以年度为单位抓收入、支出和利润。显然，战略着眼长远，经营立足当下，将战略渗透到经营，才能实现短期目标和长期目标的有效结合和平衡。

从战略、流程到组织

战略、流程和组织之间到底是什么关系？

战略决定流程，流程服务于战略；流程决定组织，组织服务于流程（见图 5.1）。环境变了，战略要变；战略变了，流程要变；流程变了，组织要变。

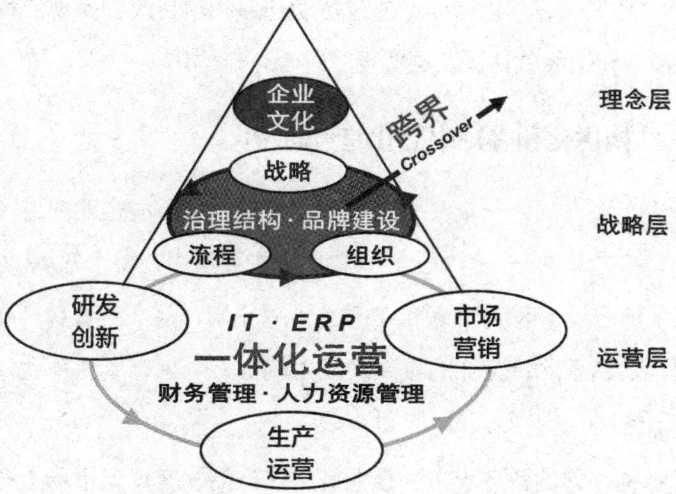

图 5.1 战略转型是企业应对环境变化的实际行动

战略→流程→组织，为什么是这样一种关系？

战略是企业的长期经营定位，而企业要想实现生存和发展，则需要以流程为载体。流程具有指向性，企业的内部资源指向客户，通过客户满意实现现金流动和资金增值。而流程的运作依靠组织——组织为流程而存在，追求的是流程的经营绩效，如果企业的经营绩效不好，则需要检讨流程的合理性和组织的有效性。

战略、流程、组织在运营层实现一体化

显然，企业通过产品开发流程和订单执行流程这两大核心业务流程实现资金流动和资金增值，实施这两大核心业务流程的是营销、研发和生产三大核心职能，财务、人力资源和IT（信息系统）则是三大支持职能。

以流程为中心的企业运营聚焦的是企业资金的流动性，这样可以更好地围绕客户需求推动内部一体化来有效应对外部变化。

企业的年度经营就是以经营绩效为目标，对销/研/产、财务、人力资源和

IT进行专业化分工和一体化运作，通过活动开展和项目改善实现流程绩效，这样，战略、流程和组织就在运营层实现了统一（一体化）。

从收入结构优化和客户中心化趋势思考

经营是讲年度性的，一年又一年周而复始的循环形成企业的持续经营。如果企业的收入结构太单一，例如全年销售收入主要集中在单个领域、个别产品、少数客户、个别市场（区域），就会导致企业对个别产品、主要客户和主要市场的过度依赖，受制于此，企业的抗风险能力就低，一旦有风吹草动，相应地就会出现业绩下滑。

从收入结构优化的角度思考，企业务必在产品、客户和市场上形成多样化的合理结构，避免一方独大的现象——很多时候，一方独大带来的效率和效益优势，会使人丧失长远眼光。企业应未雨绸缪，要有危机意识和风险防范措施，在顺风顺水的时候就要考虑摆脱对独大一方的过度依赖。

物质匮乏的时代，以产品为中心、以企业为中心的销售取得了成功；随着人类社会的发展，在物质过剩的社会环境中，以客户为中心、以需求为中心的市场特征已经不可回避，依靠单个产品已经无法全面满足客户需求，全身配套、搭配购买，那个只生产和销售裤子的时代已经远去了，企业需要建立整体的方案解决能力。

战略转型：从专业化到多元化

在更高的层面上，企业的经营领域单一，也会带来经营风险。

企业在创业初期，依靠某个产品切入市场，出于规避经营风险的考虑，多元化经营成为选项；随着社会的发展和企业资源优势（技术、市场、人才和资金等）的建立，多元化战略也成为企业抓住市场机会的重要战略选择。

从专业化经营到多元化经营是企业的重大战略转型，与之相匹配，企业的流程和组织都要相应调整，这样才能实现多元化经营的目的，否则，用专业化经营时期的流程和组织来应对多个领域的市场和客户，不但在市场应变的速度和效率上会受到制约，而且会给企业带来更大的经营风险——这种情况下，企业需要实施组织变革。

事业部制：顺应企业多元化经营的需要

多元化经营有利于规避风险、抓住市场机会。企业（公司）由专业化经营迈入多元化经营，相当于出现了两个以上的专业化经营领域，这样就存在多个领域的业务战略、资源分配、集权授权、风险防范、经营考核和人才培养等问题（见图 5.2）。

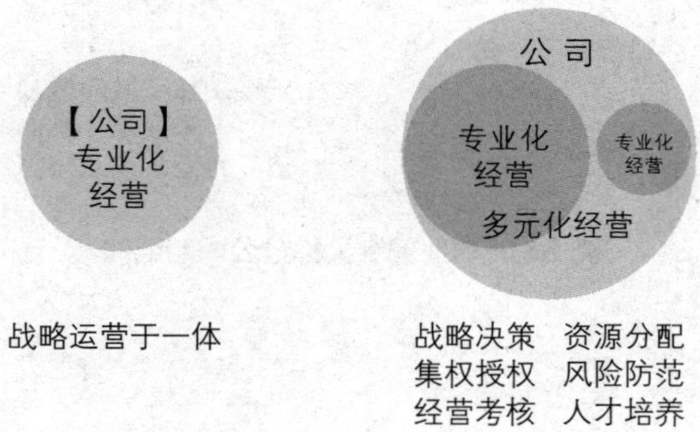

图 5.2 企业多元化之后需要考虑一系列问题

显然，如果还用原来在单一领域专业化经营、集权式管理的组织方式，已经不能有效地解决上述问题——在每个专业化领域都要用符合其市场特点和行业规律的专业方法来经营，这就需要充分授权，集权过度会制约企业的市场反应速度，也不利于激发专业团队的积极性和创造性。

事业部制应运而生。事业部制又称分公司制结构（见图 5.3），是 20 世纪初诞生于美国杜邦公司的一种组织方式，当时这种组织方式在美国通用汽车内部曾得到广泛应用。企业按照所经营的事业，包括按产品、按地区、按顾客

（市场）等来划分部门，分别设立若干事业部（分公司）——事业部在企业（总公司）的宏观领导下，拥有完全的经营自主权，实行自主经营、独立核算，事业部是既受总公司控制的利润中心，具有利润生产和经营管理的职能，同时也是产品责任单位或市场责任单位，对产品研发、制造和销售活动负有统一领导的职能。

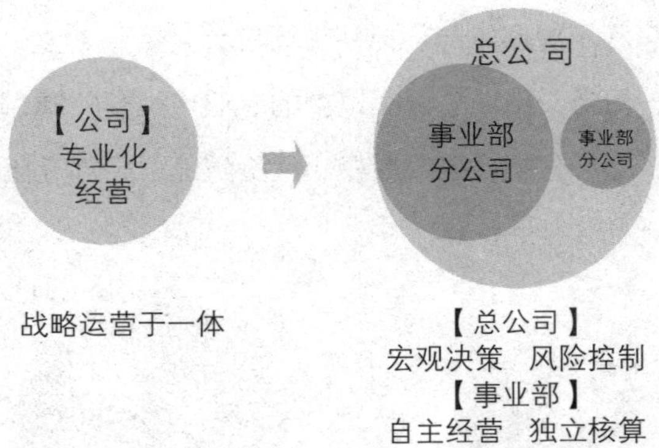

图 5.3　事业部制又称分公司制结构

★卓越实践 17／美国杜邦公司诞生事业部制

创立于 1802 年的美国杜邦公司是一家科技企业，拥有悠久的科学探索历史。1788 年，16 岁的杜邦在法国埃松省的化学家安东尼·拉瓦锡实验室当学徒，年轻的杜邦很快掌握了火药生产技术。1802 年 7 月，杜邦从法国移民到美国后，在白兰地河边买了一块地，开始建造火药厂，由此诞生了杜邦公司；1804 年 5 月，杜邦公司开始生产并销售火药。

发了战争财，却遭遇危机

1915 年，欧洲战事全面爆发，杜邦公司的无烟火药订单剧增，四年之后，杜邦公司的员工由 5 300 人增加到 85 000 人。虽然发了战争财，总裁皮埃尔却非常忧虑：战争总会结束，和平才是常态，火药产品对战争的依赖制约着企业经营的可持续性，加之早在 1908 年杜邦就遭遇了美国政府的反垄断诉讼，于是，皮埃尔决定缩减军品产能，转向开发人造革、人造丝和硝酸纤维素等化学产品，由此开始了多元化经营。

杜邦公司的多元化看似被迫的无奈选择，但在经历了一系列事件之后，杜邦的领导层终于意识到：硬件并非核心资源，经过多年历练的技术团队、销售团队和管理团队才是杜邦的核心价值所在——由此，多元化战略成为杜邦公司的主动战略。

多元化发展又陷困境

多元化升格为公司战略后，杜邦收购了很多小公司，从第一次世界大战前的单一产品线，到第一次世界大战后的多产品线，杜邦公司的产品涉及的市场面快速扩大。

随着杜邦在不同行业产品线的增多，企业总部需要协调的事情也越来越多。经历过战争的洗礼，虽然各个职能部门还能勉强应付，销售部门却乱了套：要掌握那么多的产品知识，普通人根本做不到。尽管杜邦某些产品的市场占有率很高，规模经济却没有带来成本优势，杜邦新的产品线全面亏损，与此相反，销售这类产品的其他小企业都利润不菲。

事业部制思想诞生

1919 年 9 月，杜邦设立了一个专门委员会，研究如何解决杜邦面临的经营困局。6 个月后，专门委员会向公司提交了一个全新的组织结构方案——事业部制。

委员会工作组发现，实现多元化经营之后，杜邦的传统组织结构很难实现生产、研发和销售的沟通和协调，而其职能部门的垂直管理则没有多大问题——问题是：职能部门是成本中心，没有哪个职能部门能够全面地以利润为导向。

为此，工作组建议以产品为中心设立新的组织：由一位经理全面负责某个产品的研发、生产和销售，并对利润负责——这就是日后被称为事业部的组织结构的雏形。

按照上述设计，企业总部的职能部门不再是领导者，而是每个事业部的顾问，事业部经理（现在通常被称为"事业部长"或"事业部总经理"，为区别起见，下文统一将事业部负责人称为"事业部长"）直接向总经理汇报，事业部自主经营、自负盈亏。

千呼万唤始出来的事业部制

事业部制并没有在提出之后立即得以实施——毕竟像这样外科手术式的组织变革涉及太多的思想冲突、组织惯性和对未知的恐惧。在经历了两年的思想冲突、准事业部制尝试和大面积亏损的冲击之后，杜邦高层终于决定对组织进行大刀阔斧的改革。

1921 年 9 月，真正意义上的事业部制在杜邦公司诞生了，事业部长除了没有独立法人资格外，基本上就相当于一个企业的总经理，事业部下面设置的职能部门与总公司的职能部门是垂直管理的关系。由各职能部门负责人和公司最高领导层组成的最高权力机构，变成了专业的参谋机构和大决策机构，而事业部负责人则不参加这个机构。

事实证明，这个新的组织形式是成功的，杜邦公司很快扭亏为盈。事业部制帮助杜邦实现了快速的市场应对、多种专业化经营并存的多元化战略，并使杜邦公司安全度过了20世纪30年代的经济大萧条，事业部制也由此迈向全球。

事业部制诞生的时代背景

从杜邦公司中诞生，在通用汽车里崛起，事业部制显示了其强大的适应性和生命力，美国的西尔斯百货和标准石油公司也陆续导入事业部制。1927年，日本松下电器开始了新的事业——电热器，并开始实行独立核算；1933年，作为东方企业，松下电器创立事业部制（说明一下，当时全球企业之间的交流远没有现在这样迅速而充分）。进入到20世纪60年代，全球各地的众多企业争先恐后地导入事业部制。

其实，事业部制的诞生有其时代背景，那就是20世纪的石油能源革命——从煤炭到石油的能源变化，带来了汽车产业和化学工业的蓬勃发展。杜邦公司的业务领域从火药制造向化学肥料和石油化工的多元化拓展，孕育了事业部制；通用汽车收购了很多小的汽车公司，他们各自独立运营，经营效率低下，希望总公司能够职能共享并分配资源，事业部制使这一难题迎刃而解；以向农民邮购起家的零售公司西尔斯百货从1925年开始经营百货商店，当年开店300多家，事业部制使西尔斯公司的雄风延续了70年，直到20世纪90年代初以折扣店起家的沃尔玛公司崛起，西尔斯一直占据美国零售业第一的位置。而由“石油大王”洛克菲勒创办的美国标准石油公司（美孚石油）从石油开采到销售石油产品，其事业领域在水平方向迅速扩大，事业部制也正适应了其发展需要。

战略决定组织

以杜邦为例，因为集权管理的效率低，以火药制造为中心的集权垂直管理组织不能适应化学品事业的多元化战略，于是诞生了事业部制：每个事业领域的经营责任与总公司的整体战略分开，当时的杜邦公司设立了5个事业部和8个总公司职能部门，并对总公司经营会议进行了彻底改革：经营会议由总经理和总公司职能部门负责人参加，由原来的50人减少到6人，事业部长不参加总公司的经营会议——这一点，就是放在21世纪的今天，也是很难想象的。

为什么事业部长反倒不能参加总公司的经营会议呢？这恰恰是事业部制成功的关键：事业部长的工作是运用必要的资本取得成果——如果总公司给事业部10亿元的流动资金，事业部长的责任就是在一年之内要将之变成10亿元以上——12亿元或者15亿元，总之要增值，这是对股东的责任。

而总公司总经理的工作重心是为了未来的成功，把必要的资源科学合理地分配给各事业部，确保总公司可持续发展。这样的工作目标，使得总经理经常要做出诸如加大哪个事业部的投入、撤销哪个事业部的决策，如果事业部长参加经营会议，就有可能看错未来，因为事业部长一般是不会认为自己的事业不重要，甚至是不需要的。索性不如让事业部长专心从事经营，执行总公司的既定方针和目标，而让总经理专心于总公司的决策。

对事业部的评价

杜邦公司对事业部的评价是用定量指标进行的，主要指标是投资回报率（以下简称ROI），是指股东（投资方）投资企业而应得到的价值回报，其本质意义是：投入到企业的资金（资本）不但应该得到回收（通过折旧），而且应该增值。

ROI的计算方法如下（见图5.4）：

$$投资回报率=\frac{年利润}{投资总额}\times 100\%=\frac{年利润}{年销售收入}\times\frac{年销售收入}{投资总额}$$

$$=营业额利润率\times 资金周转率（周转次数）$$

图5.4 投资回报率的计算方法

办企业是一种投资行为，投资是讲究回报的。

事业部利用现有财产（固定资产）和流动资金、通过经营活动获得利润，ROI可以非常好地反映事业部的综合赢利能力，具有横向可比性，用ROI有利于判断各事业部（投资中心）经营业绩的优劣，也就是其投资价值。

此外，ROI还可以作为选择投资机会的依据，有利于总公司优化资源配置。

根据ROI的定义可知，提高ROI的主要途径有：提高利润额；扩大销售额，增加资金周转次数（见图5.5）。

由此可知，营业额利润率和资金周转率是反映企业经营水平的两大核心指标：前者是流通量指标，反映了企业产品附加价值的高低；后者则是库存量指标，反映的是企业的资金流动速度。

ROI充分说明：企业经营的本质是通过资金流动实现资金增值——改善流动性是经营的核心。

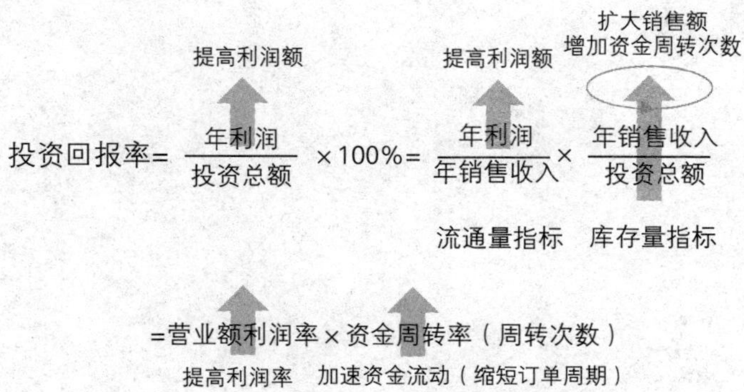

图5.5 提高投资回报率的途径

通过ROI分析，可以知道经营目标与投资回报率之间的关系（见图5.6），不论是中期发展目标，还是年度经营目标，都是根据总公司（投资方）对事业部投资回报率的期望、结合综合销售利润率目标而制定的。

中期销售收入目标
=
综合销售利润率
÷
中期ROI目标 × 投资总额 = 中期利润目标

年度ROI目标 × 投资总额 = 年度利润目标
÷
综合销售利润率
=
年销售收入目标

图 5.6 投资回报率与经营目标的关系

杜邦公司的事业部制设计，用ROI非常好地解决了不同事业部之间的经营业绩和投资价值评价问题，有利于横向比较和资源分配，非常清晰地把事业部的经营职能和总公司的战略职能区分开来，后者做决策、前者做执行，专业化决策、专业化经营。

事业部制：实现集权和分权的平衡

不论是专业化经营还是多元化经营，企业发展都需要做长期战略和现实经营两方面的事情。企业规模小的时候，这两方面的事情看似是合在一起的，如果不留心，还以为只有一件事；陷入日常事务中，领导人极易出现雾里看花、当局者迷等现象，丧失跳出局外的整体判断，甚至对危险毫无察觉。

实现企业可持续发展是一门平衡的艺术

企业做大了，就要进行区分——不但事情要区分，做事情的人也要区分。创业者从最初的身兼多职，到后面做董事长、做股东，这种转变需要通过经理人团队承接日常的经营事务来实现，而创业者则会专注于战略管理。为了确保经营不偏离战略方向，规避发展过程中的风险，创业者又要对授权经营进行监管。

为了避免“一统就死、一放就乱”的现象，找到事业部制在整体战略管理和局部授权经营之间的平衡，是实现集权和分权经营的有效方法。美国著名的企业史学家、战略管理领域的奠基者之一、哈佛大学教授艾尔弗雷德·D.钱德勒认为：分权的事业部制是组织创新。

接下来，我们来了解一下美国通用汽车和日本佳能在分权的事业部制方面的成功实践。

★卓越实践 18 / 事业部制助力美国通用汽车快速崛起

1907年，戴维·别克创办了别克汽车公司；1908年，美国最大的马车制造商威廉姆·C.杜兰特买下了别克汽车公司并出任总经理，同时推出C型车。有效的经销网络使别克公司的订单远远超出其生产能力，而后，别克公司大规模收购奥兹、凯迪拉克、奥克兰及其他6家轿车公司、3家卡车公司和10家零部件公司，杜兰特以此成立了GM，即美国通用汽车公司。

战略和组织的作用无法彼此替代

快速扩张使得GM的总体协调与控制没能跟上，导致内部管理混乱，1910年9月，GM陷入了财务危机，杜兰特被迫辞职。

在1911年至1915年的四年间，GM的新管理层采用了各种办法试图走出困境，都没有产生实质性效果。1916年，杜兰特再次入主GM，企图再次通过扩张战略来破解经营困局。1918年至1920年，GM展开了又一轮大规模并购，而放任式管理造成的"独立王国"、诸侯割据，使得外表强大的GM的内部管理混乱不堪。从1920年下半年开始，GM再次陷入危机，在美国经济危机中摇摇欲坠，杜兰特不得不再次辞职，由杜邦公司的董事长皮埃尔·杜邦接任。

组织变革：适应战略的需要

当时担任副总裁的艾尔弗雷德·P.斯隆受命研究GM的组织变革，在经过一段时间的调查研究后，斯隆向GM提交了研究报告，提出了设立事业部的变革建议，其总体主张是：在专业化分工的基础上，将力量最强的汽车制造单位组建为事业部，事业部在公司总部的决策和监督下实行分权管理、自主经营；对各事业部的经营活动，由总部进行统一协调和控制。

斯隆提出两条原则：作业单位分权化，使事业部能发挥主动性、积极性和创造性；参谋服务部门集中化，建立一个能有效行使必要职能的公司总部，对公司的战略规划、资源分配和合理发展进行恰当协调。事业部的经营权限授权给事业部长，总公司的战略决策权限集中到总经理。

GM导入事业部制的五个目的

GM导入事业部制有五个目的：

· 明确事业部的职责。不仅要规定事业部和其他事业部的关系，也要规定事业部和总公司之间的组织关系。

· 决定总公司组织的定位，根据需要进行合理的职责界定。

· 有关经营基础的权限，集中到总经理岗位。

· 日常工作委托给总经理直接管理的精锐干部，总经理专心处理更大的、关系到公司全局的课题，把总经理从烦琐的事业性工作中解脱出来。

· 建立事业部和事业部之间能够相互提供建议的体制。

GM实施事业部制改造

从1921年起，斯隆依据“分散经营、协调控制”的原则，参考杜邦化学公司的经验，对GM进行事业部制改造。事业部长基于授权能够自主经营，只服从总经理的管理，但为确保公司的整体目标，GM还采取了相应的预见性控制措施，例如：

总部的财务委员会对各事业部进行财务控制，以避免再次出现类似1920年的财务危机；总部掌握政策制定权，各事业部长可进入公司总部的相关政策制定机构进行兼职；为协调各事业部的行动，共享相关资源和信息，建立各事业部之间的委员会和事业部与总部之间的委员会。

GM还设立了“集团经理”一职，集团经理不直接参与各事业部的运营，而是协助公司总部、董事会和总经理制定相关政策，协助事业部执行政策。此外，公司总部还设立了“参谋机构”，会就有关技术性和商业性的问题进行研究，其研究结果可能会对所有事业部的业务起到重要的指导作用。

GM 事业部制变革的成效

基于“分散经营、协调控制”的组织运作原则，自从斯隆主导实行事业部制改革，在短短四年间，GM迅速崛起，不断化解经营危机，而且很快就超越了行业老大福特汽车，成为全球汽车产业的先锋。

事业部制在集权控制和分权经营之间找到了一个合理的平衡点。近百年来，GM在事业部制的实践中还找到了有效的微调应变方法：“分散经营、协调控制”的总原则是不变的，在经济景气、快速发展时，事业部的分散经营（授权）就要多一些；反之，在经济衰退、市场难熬、风险增加时，总公司的集中管理（集权）就要多一些。

由于斯隆的卓越贡献，事业部制又被称为“斯隆模型”：由总部负责投资和政策，但不从事具体经营；总部下属的各事业部独立核算、自主经营，从事相对独立的经营活动。事业部制是100多年来人类在企业管理方面的重大创新，其组织形式不仅突破了企业规模的限制，也突破了专业化的限制，具有很强的适应能力。

著名管理学家彼得·德鲁克曾对诸多世界级的巨无霸公司进行研究，德鲁克认为，GM事业部制可以做到各事业部常态化地应对变化，为评价经营现场的工作提供了制度化的标准和框架。

概括起来事业部制有八大优势：

· 不论是事业部制还是公司总部，决策的速度快。

· 整体利益和事业部利益之间不会发生对立。

· 能够确保万事公正。

- 可以实现基于民主的实力主义。
- 提供了普通员工到精英干部的上升渠道。
- 人人都担当管理责任。
- 可以避免一方面在下指示，却“为了什么都不知道”这样的情形。
- 事业部长的能力和业绩的明确化。

德鲁克曾以“GM企业经营的秘诀”为题对事业部制进行评价：事业部制在集权和分权上实现了有效平衡，企业边界扩张之后不但要分权，还要关注整体发展，事业部制分权要与整体发展步伐一致。

分权：授权事业部自主经营

分权就是授权事业部自主经营、独立核算，让事业部长真正承担起所负责事业的经营责任，发挥其创造性；每一个事业部都是一个高效率和高效益运转的专业化经营公司，充分授权、有效监管，在事业部和总公司之间、事业部与事业部之间建立合理的关系定位和约束方式，保持组织的活力。

集权：总公司专注战略机能和企业家机能

以事业部制为基础的自主经营，是发挥经营者本来的职责；设立综合总公司，专注于公司的整体战略，承担的则是战略机能和企业家机能。

所谓战略机能，就是决定企业存在的基本目的、长期目的，以及为了达到这些目的而采取必要的行动方式、分配相关资源。这一项是面向长期的，例如，GE定位自己是面向全球提供技术和服务业务的公司，但是，提供哪方面的技术和服务，就是这里所说的“战略机能”。显然，创立近140年来，从生产电灯到家用电器，GE的战略机能使其由传统制造业迈向了现在产融结合、富可敌国的巨无霸企业。GE是自道·琼斯工业指数1896年设立以来唯一的一家仍在指数榜上的公司，至今仍大而不僵，保持着组织活力。

所谓企业家机能，是说为了企业的整体发展，基于战略决策，在各事业领域科学、合理地分配经营资源，必要时还可以改变资源的分配方法。例如，GE确立了面向全球提供技术和服务业务的战略机能，具体到21世纪，就是消费者金融、商务融资、能源、医疗、基础设施、NBC环球、交通运输、高新材料集团、消费与工业产品、设备服务集团和保险，以此为基础，在上述各事业领域分配资源，就是这里所说的“企业家机能”。

事业部制的优点

在一个事业部内完成经营过程，把专业化经营的决策权限委托给事业部，可以提高经营速度、快速响应市场，进而提高经营效率。这样的机制，有利于培养下一代经营者——自主责任经营事业部的历练是对经营者最好的培养。

站在总公司的角度，通过重视ROI的效率化经营，可以让事业部之间产生良性竞争；总公司统括所有的事业部，能够强化整体性的、更加有战略性的行动；事业部之间的独立性高，也可以分散整体风险。

事业部制的缺陷

事业部制也有不足。

大多数情况下，事业部长会优先短期业绩，缺乏长期战略；事业部之间会争夺总公司的经营资源（人才、资金等）；容易出现设备、投资和人员等的重复性浪费，特别是在研究开发、市场营销和职能管理等部门；事业部之间的人才、技术和信息容易出现交流停滞；全公司的决策很难达到一致，常常出现个别最优事业部优先的本位思维；事业部之间也容易发生心理上的冲突，甚至形成对立；事业部之间既会出现重叠，也会出现疏漏，也就是既有共同忽视的产品，也有彼此重复的产品。

针对这些缺陷，需要总公司充分考虑，做出更加有效的顶层设计。

★卓越实践 19 / 日本佳能遭遇的事业部制

1937 年，凭借光学技术起家、并以制造世界一流相机为目标的佳能公司成立，至今，佳能公司已经是全球领先的生产影像与信息产品的综合集团，其经营事业覆盖个人产品、办公设备和工业设备三大领域，主要产品包括照相机及镜头、数码相机、打印机、复印机、传真机、扫描仪、广播设备、医疗器材及半导体生产设备等，是典型的多元化经营企业。

回顾佳能的多元化经营历史，可谓历尽艰辛，事业部在其中发挥了重要作用，却也出现过弊端，付出过沉痛代价。

多元化战略受制于资源分配

技术起家、技术立企的佳能公司经过 30 年的发展逐步形成了自己的核心竞争力，在精密机械技术、光学技术和微电子技术三个领域建立了绝对的优势，三者相互结合构成了图像化方面的核心竞争力。1967 年，佳能公司宣布多元化战略，进军复印机、打印机、传真机和医用仪器等新行业，结果是：花了 10 年时间，佳能公司的多元化战略却收效甚微。

究其原因，是因为佳能公司虽然拥有支持上述多元化的技术，其组织并未因应多元化经营的需要进行变革，仍然采用的是专业化经营的传统组织结构；由于经营主业的思维惯性，人才和资本仍然集中在照相机事业，不能有效提供拓展新领域所需的经营资源；由于集权过度，资源分配的局限，使得佳能公司在实施多元化战略的前十年没有多少成果。

导入事业部制，助推多元化

1977 年，佳能公司开始导入事业部制，配置责任人（事业部长），成为权限分散型组织。事业部制非常好地适应了多元化经营的需要，总公司在制定整体战略和事业目标之后，充分授权事业部长应对市场变化，自主决策。

事业部制极大地释放了各事业单元的创造力，也解放了总公司的领导和职能资源，使他们能够把精力集中在战略决策、资源调配和风险防范方面。在1980年代，佳能在照相机、打印机、摄像屏幕、光学机器和医疗机器等多元化领域急速成长，快速发展成为世界级的跨国企业。

事业部制运作得不好也有弊端

20世纪90年代，佳能的事业部制出现恶化趋势，强的事业部和弱的事业部之间差距越来越大，出现了强者愈强、弱者愈弱的现象，而这些都发生在同一家企业内部。

内部出现危机，导致佳能的竞争力开始恶化：整体战略决策效率低、速度慢，过于花费时间，贻误市场时机；全球化过程中，各个事业部的海外投资在地点和规模上没有协调，发生了投资和人员配置的浪费，投资效率低下；某些事业部缺人，需要招聘人才，而有的事业部却人才过剩；亏损的事业部苦战之后还是亏损……佳能做大了，“大企业病”也未能幸免。

事业部制运作得不好，不是事业部制本身的问题，而是集权与分权的拿捏与平衡的问题，反过来说，就是总公司对全局的控制出了问题。

这不禁让人想起通用汽车在集权和授权方面的平衡术：“分散经营、协调控制”的原则是不变的，在经济景气、快速发展时，事业部的分散经营（授权）就要多一些；反之，在经济衰退、市场难熬、风险增加时，总公司的集中管理（集权）就要多一些。

御手洗富士夫变革佳能

御手洗富士夫是佳能第一任社长御手洗毅的侄子，也是第五任总裁御手洗肇的堂兄，曾经留学美国，并负责佳能的美国公司。1995年9月，御手洗富士夫临危受命，接替刚刚去世的堂兄担任佳能的第六任总裁。上任之后的御手洗富士夫大胆进行事业重组、推进组织变革，大刀阔斧地整治佳能的“大企业病”。

“不赚钱的部门，我们不要；反之，即使挂别人的品牌销售，只要能增加获利，也值得保留”，御手洗富士夫做的不是简单的加减法，而是在组织如何快速响应市场变化、动态创造企业核心竞争力方面下工夫。在御手洗富士夫上任后的 5 年间，佳能公司不但营收增加了 1.4 倍，平均获利更是增加了 2.7 倍；有息负债也从 1991 年的 35.2%，大幅减少到 2002 年底的 5%。对于他的成功，美国《商业周刊》分析认为，御手洗富士夫结合了“日式管理的品质及细腻与美式管理关心现金流量及股东利益的作风”。

近年来，很多大家耳熟能详的日本家电或电子企业苦苦挣扎，受到来自中国和韩国企业的挑战，业绩下滑或巨额亏损，对比之下，佳能受到的冲击相对很小，财务稳健，健步前行。

组织变革是企业永恒的课题

“在生产、开发、销售等公司经营的全部过程中，我们一向致力于使其合理化，建立一个能够赢利的体制。这些年，我们一直在反复进行选择和集中，即有助于公司发展的项目，我们花大力气进行集中投资。反之，则毫不犹豫地舍弃。通过这种方式，佳能形成了一个可以赢利的经营体制，充实了自我资金，提高了抵御风险的能力，我们才取得了现在的成绩。”现在仍然掌舵佳能的御手洗富士夫如是说。

如今的佳能公司，将成像技术延伸到了电影制作方面，还把照相机、摄像机技术用于监控，其重点已经转向了医疗设备、医疗器具的生产开发，以及生产自动化、无人化方面的机器人开发。过去，事业部制为佳能公司的发展做出了贡献，现在和未来，事业部制还将面临全球巨变的考验，因此可以说，组织变革是企业永恒的课题。

有效的事业部制使企业家辈出

企业在不同的发展阶段，要关注的方面也是在不断变化的。因此，组织要适应环境的变化和战略的调整，对人才的能力要求也应随之变化。

所有权和经营权从一体到分离

可以说，成功创业的老板们几乎都是“超人”，他们有想法、有能力、有个性。在创业初期，他们集决策与运营于一体，身兼全职、集权控制。当然，这在小规模、专业化经营的阶段也许还能满足需要，在企业发展到大规模、多元化经营之后就有局限了，毕竟创业者精力有限。因此，战略决策与日常经营必须分离——这是两项同等重要的工作，前者是面向长期的，后者是面向短期的。最高领导人应专注于决策，而将日常经营授权给职业经理人，这是组织变革的必然，否则，集权式管理将会制约企业的效率和效益，进而给企业带来风险。

上述变革的本质，是从所有权和经营权一体到所有权和经营权分离，也是企业的组织管理由集权到分权（见图 5.7）。经理人制是这一组织变革的前提。

创业者实际上是投资方，在企业创立初期主要关注创造经营利润，到了一定阶段之后，将创造经营利润的工作委派给职业经理人，而创业者转向其创业的本质——投资，回归到关注投资回报。当然，这需要专业化的决策能力，否则不但不能增值，还有可能会亏损。

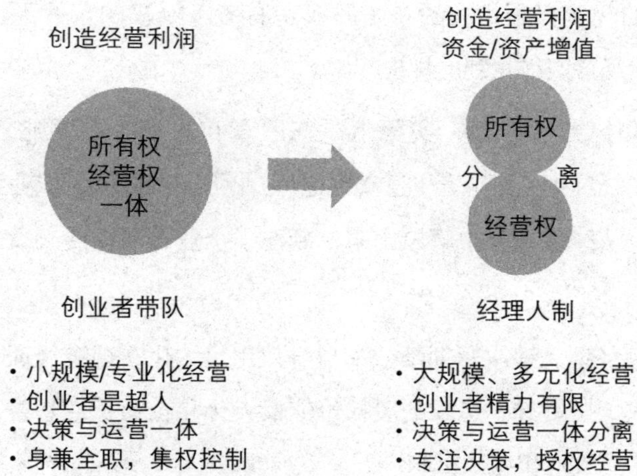

图 5.7 所有权和经营权从一体到分离

建立经理人制

什么是经理人？简单直接一点说，就是帮助别人打理企业的人。人们很容易接受将做到一定程度的企业创始人称为企业家，实际上，合格的职业经理人也是企业家——通过企业经营为社会创造财富。

企业的所有权又称股权，是股东向法人（公司）投资所享有的权益，其实质是法人财产权、法人控制权，包括：

· 以投资额为限承担民事责任的权利。

· 参与制定和修改法人章程的权利。

· 自己出任法人管理者或决定法人管理者人选的权利。

· 参与股东大会，决定法人重大事宜的权利。

· 从企业法人分取红利的权利。

· 依法转让股权的权利。

· 在法人终止后收回剩余财产的权利。

而企业的经营权是指在股东（股权所有者）授权的条件下，运用法人财产、通过企业经营取得赢利的相应权限。

所有权和经营权分离，实际上是在股东和经理人之间建立委托代理关系——股东委托经理人经营管理资产，把专业化经营授权给职业经理人，使老板（投资方）从经营事务中解放出来，专注于企业长期发展必须关注的思考和决策。

为了避免经理人追求短期绩效和自身效用最大化，规避经理人制的道德风险，确保股东（投资方）追求的股权价值最大化和企业长期利益，在股东和经理人之间要建立激励和约束机制。

企业要有培养职业经理人的能力

彼得·德鲁克认为：经理人是企业中最昂贵的资源，而且也是折旧最快、最需要经常补充的一种资源，企业的经营目标能否达到，取决于经理人管理的好坏，也取决于如何管理经理人。管理者的产品是员工的行为，不良的行为源于不良的管理。

企业要保持可持续发展，授权经营是必然，经理人制是必由之路。可是经理人不能一味地依赖“挖人”，不是没有能人，而是“空降兵”的文化融入和团队融入往往是难题，虽然其道德风险可以通过企业机制进行防范，而且外聘经理人的稳定性也相对较差。

因此，主体上，企业经营所需要的职业经理人还是要靠自己培养，企业需要建立这种能力，实践的途径就是授权经营。

德鲁克认为：组织不能依赖于天才，组织的目的是使平凡的人做出不平凡的事。因为天才稀少如凤毛麟角。考察一个组织是否优秀，要看其能否使平常人取得比他们看来所能取得的更好的绩效，能否使其成员的长处都发挥出来，并利用每个人的长处来帮助其他人取得绩效。组织的任务还在于使其成员的缺点相互抵消。

换句话说，企业需要具备培养企业家的能力。培养企业家的途径就是授权经营，让有潜质的企业员工在市场的历练中成为经营的中坚力量。

有效的事业部制使企业家辈出

事业部制是一种有效的授权经营模式，有利于发挥全体员工尤其是核心人才的主动性、积极性和创造性，导入事业部制、成立总公司，可以使企业人才辈出，不断涌现出具备优秀经营能力的企业家。

成功的企业家不但是战略家，而且是善于培养人、激发人的思想家。柳传志带队伍的能力一直被外界称道。2015 年 7 月 7 日，柳传志在一场公开主题晚宴上感慨地说："为杰出人才搭建舞台是命运对我最大的眷顾。"在柳传志眼中，以杨元庆、朱立南、郭为等人为代表的领军人物就是接棒的好手。"做事情是快乐的。但一边做事一边带人，通过选择磨合，互相学习，挑选出杰出人才为他们搭建舞台，让他们充分施展，把我们共同的事业传承下去，有机会让一个充满正气、值得信赖、受人尊重的企业成为百年老店，则是我毕生的追求。"柳传志如是说。

在经营中历练人才

特别需要强调的一点是，诸多中国企业亟需提高企业家（核心人才）的培养能力。相当多的中国"超人"企业家，自身能力强，能够快速抓住市场机会、整合社会资源，从而把企业做起来，可是缺乏对系统建设和人才培养的重视和投入，在企业发展到一定程度时人才问题终究会成为发展瓶颈。

人才培养是长期的工作，同时要考虑的是建立在市场历练中培养人才的机制——不是停下业务来培养人才，而是在经营过程中历练人才。人才培养是为了企业的长期发展，年度经营是为了实现短期目标，两者完全可以结合在一起——而构建在经营实战中培养人才的机制，则是创业者的责任。

事业部制不能包治百病——有效的事业部制才能解决企业一定阶段的问题。有些企业打着事业部制的旗号，表面上分权，实际上仍然集权；要不就是以为授权经营了，一切问题就迎刃而解了，老板可以当“甩手掌柜”——事实证明，导入事业部制，企业创始人要做的事情还多着呢。

★卓越实践 20 / 事业部制：松下走向全球的利器

1927 年，松下有 300 名员工，主要生产配电器具和照明产品。当时，松下还进行了电熨斗的开发和生产，作为独立核算部门，委托朋友经营。1930 年，松下开始销售收音机，1931 年，开始销售干电池，此时的松下能够制造销售四大类 200 多种产品，已经不再是小作坊，这在当时处于经济大萧条的日本可谓独树一帜。

松下推行事业部制

1932 年 5 月 5 日，善于思考的松下幸之助领悟到企业的使命就是消除世界贫困，使人类走向繁荣和富裕，“自来水哲学”应运而生。“自来水哲学”是松下幸之助对企业使命的比喻，即以优良的品质，用消费者能购买的价格，把商品像自来水一样源源不断地为顾客提供出来。这一年被松下幸之助定位为“命知”之年，这一天被确立为松下电器创业纪念日。

1933 年，松下将总部工厂由创业时的福岛区大关町迁至门真市，正式、全面地推行事业部制。当时松下电器设立了三个事业部，其产品分别是：第一事业部是收音机；第二事业部是照明、干电池；第三事业部是配线器具、合成树脂和电热器。1934 年将电热器独立出来，设立第四事业部。

自主责任经营——松下事业部制的核心

松下的事业部制是以产品为中心进行设置的：按产品分类建立类似分公司的事业单位，实行独立核算、自主经营。各事业部分别有独立的销/研/产职能，形成从产品研发到生产、销售和收支等统一经营的独立核算的事业体。

各事业部独立核算、自负盈亏，做得好的事业部赢利，做得不好的事业部亏损，但绝不吃大锅饭——各事业部必须自主经营、改善赢利状况，彼此之间通过完全市场化的关系进行合作，按照市场竞争的原则建立合同关系。

松下事业部制的成功要点

限定产品领域，将生产和销售对接，发挥中小企业的优势，对市场的动向迅速对应，这是松下事业部制化大为小、船小好掉头的秘籍。

事业部制实际上是一种集权、分权的管理方式，日本称之为"权限的委让"，这是一种平衡的艺术。松下幸之助认为：分权与集权的相辅相成是经营的诀窍，但指挥权是坚决不能让出的。在事业部自主责任经营的同时，总公司应统括各事业部，聚焦更加战略性的行动。但是事业部多了之后，如何统括才是关键——统括得不好，就会各自为政、一盘散沙，与初衷背道而驰。一方面，如果不能给予事业部长100%的权限，事业部长就无法行动；另一方面，授权而无约束，也会造成混乱。松下采用的方法是：将"经营理念"作为共同的经营规范——经营理念在松下的全球化发展中发挥了核心效力。

基于稳健的核算，实施积极的经营，这是松下事业部制成功的又一重要秘诀。松下的各事业部虽然实行独立核算，但事业部长无权自行筹措资金，事业部的经营活动必须在总公司的统一方针指导下开展，因此，那些超过自身实力的扩张计划会被事业部机制自然限制。而事业部之间的独立性高，可以分散整体的经营风险，避免彼此牵连，产生多米诺骨牌效应。

资金管理。由总公司向事业部提供固定资产和流动资金，作为事业部的总资本。内部资金并非免费提供，总公司将按 10% 的年利率收取利息，不管事业部赢利与否都必须支付，这就促使各事业部随时关注经营的流动性，全力提高资金的使用效率。

利润管理。总公司以半年为周期向各事业部公布销售额目标，各事业部据此制定 10% 以上利润率的事业计划（上述 10% 资金利息计入成本），上报总公司批准后成为总公司和事业部长的“经营合同书”，总公司全过程监督“合同”的执行：事业部每月决算，总公司监察提示。

为了确保总部的战略职能和研究开发投入，松下规定各事业部必须将销售额的 3% 作为提留费用上交总公司，年度利润按照总公司 60%、事业部 40% 的标准分配，并规定事业部的利润必须存入“松下银行”（总公司资金部），事业部可吃利息。

现金管理。松下在财务管理方面严格执行以月为单位用现金结算的制度，他们称之为“一切用现金说话”。

人员派驻。松下总公司的一级领导人大多兼任事业部部长，这就使得各事业部的信息能够快速而精准地反馈到总部。此外，总公司的财务本部还掌握着各事业部财务的人事权——总公司直接向事业部派驻财务人员，他们都是在“松下经理大学”经过 6 ~ 9 年的特别训练、专门担当会计工作的老手，他们作为事业部长的助手参与事业部的经营，并按月向总公司递交结算及资金报告，对于事业部长提出的违反总公司财务管理规定的要求，他们会坚决拒绝。

财务数据是经营的指南针，如果会计错乱，公司一定错乱。总公司向事业部派驻的财务人员能够正确并迅速地掌握经营结果，明确指示今后的前进方向，指出问题点和改善对策，并向事业部长提案。

松下向事业部派驻财务人员的人事机制，有效地实现了总公司对诸多事业部的授权监控，确保了松下快速发展、大规模经营的健康状况，通过这一机制，总部可以不断向事业部提供“活性维生素”等微量元素，确保各事业体健康。

公正处事。松下的事业部机制以客观的判断为基础，公正地分配经营资源。财务、人事、经营企划、法务等人员，通过总公司各职能部门与对应的事业部职能部门之间的常态化联系及信息交换，确保能够公正处事。

东西方版本的事业部制：卓越实践，殊途同归

关于设立事业部制的初衷，松下幸之助说：“当企业规模尚小时，只有我一个人进行管理就够了，但是，当企业逐步发展起来时，自己常常是忙于应付，力不从心。因此，必须选择另外的人来分担我的工作，而我委派的那个人就是事业部的最高负责人。”

从以上所述可以看出，松下电器的事业部制并不是从美国的杜邦公司或者GM学来的，而是松下幸之助自主思考、创造的组织模式。当时，由于时空距离和信息交流的速度慢，松下幸之助本人并不知道美国出现了事业部制，也不知道他们是怎么做的，所以，松下版的事业部制有极强的东方特色：美国版的事业部制旨在优化资源配置和财务管控，松下版的事业部制则重在自主经营。事业部制是东西方企业家卓越实践、殊途同归的结果。

从事业部制看 21 世纪的组织创新

在企业经营领域，“创新”不是一个技术概念，而是一个经济概念，其目的是形成新的经济能力。

世界著名政治经济学家、美国哈佛大学教授约瑟夫·熊彼特是企业创新理论的开创者，熊彼特认为：企业家的本质是创新，企业家是创新的实施者，通过创新实现企业成长和经济发展。

熊彼特定义的创新包括以下五种情况：

· 采用一种新产品或一种产品的新特征（产品创新）。

· 采用一种新的生产方法（制造技术创新）。

· 开辟一个新市场（市场创新）。

· 开发原材料或半制成品的新的供应源。

· 导入一种新的组织方式（组织创新）。

组织创新是企业创新的重要方面，其目的是适应战略调整的需要、激发组织活力。常见的企业组织形式有职能化组织、事业部制组织、矩阵式组织和多维制矩阵组织四种，不同的组织形式有不同的特点，适应企业不同发展阶段和不同时代的需要。

职能化组织

19 世纪末 20 世纪初，西方大企业普遍采用的是一种按职能划分部门的纵向一体化的职能结构，即职能化组织，又称U型结构、金字塔形组织结构。

职能化组织是将企业内部按专业化分工划分成若干部门，一般有销售、研发、生产、财务、人力资源管理和IT等，各部门独立性很小，均由企业高层领导直接管理，即企业实行集中控制和统一指挥（见图 5.8）。

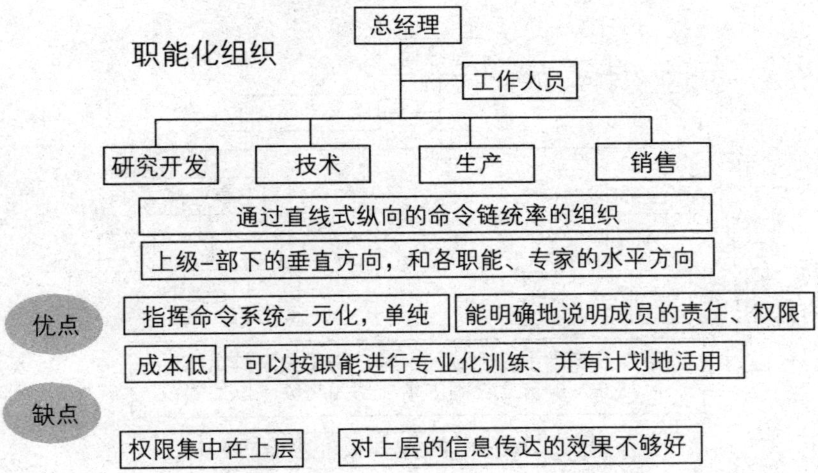

图 5.8 职能化组织适用于市场稳定、产品品种少、企业规模不大的情形

职能化组织命令链清晰、实行直线制集中统一指挥，各职能部门发挥专业优势、效率高，适用于市场稳定、产品品种少、企业规模不大的情形。随着市场变化、产品品种增加和企业规模的扩大，职能化组织的缺陷也逐渐暴露出来：命令链太长，沟通效率低；存在部门壁垒，一体化程度低，不能快速应对市场变化，协调成本高。

事业部制组织

事业部制组织实行战略决策和经营决策分离，根据业务按产品、服务、客户或地区等设立半自主性的经营单位——事业部（分公司），战略决策由总公司负责，经营决策和执行由事业部负责，这样就使得总公司的高层领导能够从繁重的日常经营业务中解脱出来，集中精力致力于企业的长期经营决策，并监督、协调各事业部的活动和评价各部门的绩效。因此，事业部制又称M型结构（见图 5.9）。

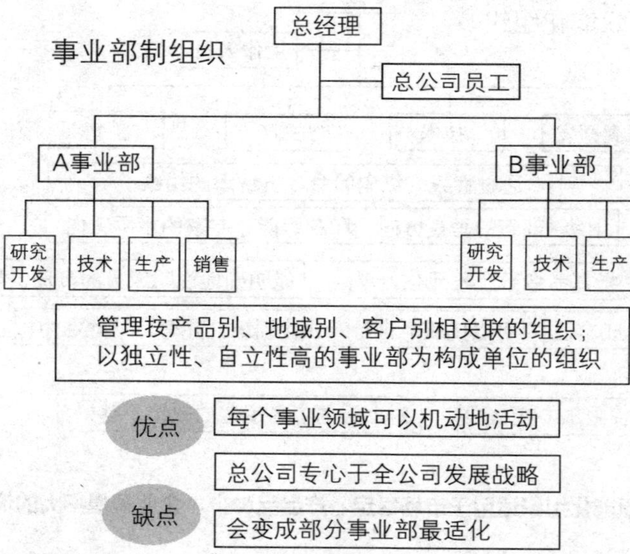

图 5.9　事业部制适合大规模、地域分布广和多元化的企业发展需要

事业部制（M型结构）是一种多单位的企业体制，各事业部不是独立的法人实体，仍然是企业的内部经营机构。与职能化组织（U型结构）相比较，事业部制具有治理方面的优势，适合大规模、地域分布广和多元化的企业发展需要。

矩阵式组织

矩阵式组织把按职能划分的部门与按项目划分的小组结合起来，小组成员接受项目经理和职能部门的双重领导，围绕某项专门任务（项目目标），既发挥职能部门的专业性，又通过项目的一体化运作优势快速应对市场（见图 5.10）。

矩阵式组织在结构上是固定的，人员却是变动的，任务完成后项目结束、人员离开小组，再根据新的需要成立新的项目。

与职能化组织（U型结构）相比，矩阵式组织机动、灵活，能够加强企业的一体化运作，克服各部门互相脱节的现象，而且短、平、快的项目特性可以提高企业资源的效率和效益。

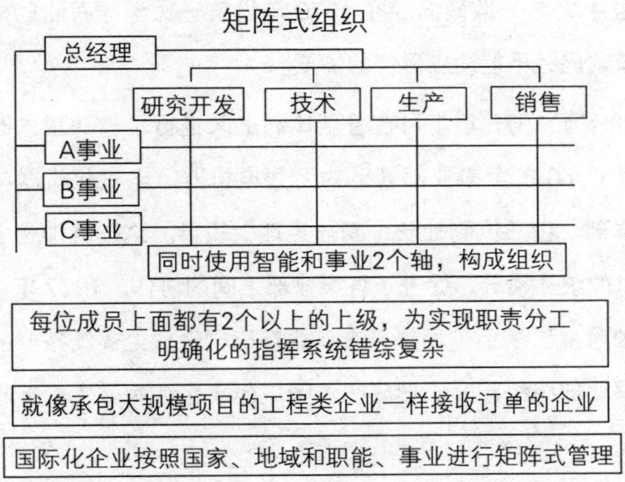

图 5.10 矩阵式组织机动、灵活，可以加强企业一体化运作

多维制矩阵组织

多维制矩阵组织又称立体组织结构，由美国道–科宁（Dow Corning）化学工业公司于 1967 年首先创立，它在矩阵制结构（即二维平面）的基础上构建产品利润中心、地区利润中心和专业成本中心的三维立体结构，如果再加上时间维度就构成四维立体结构。

虽然多维制矩阵组织的细分结构比较复杂，但它并没有改变矩阵制结构的基本特征，每个结构层面仍然是二维制结构，实行多重领导和各职能部门配合，只是增加了组织系统的多重性，因此，它只是矩阵制结构的扩展形式。

★卓越实践 21／松下再造事业部制：建立平台公司

事业部制并不是完美无缺的，存在着诸如管理费高、综合能力差等问题，容易产生本位主义与分散倾向。在 1970 年代第一次全球石油危机之后，这种分权管理的模式已经不能适应形势的需要。

为此，松下于 1975 年 1 月在管理体制上又进行了一次重大改革，建立综合本部制度，把 50 多个事业部划分为无线电机器、电气化机器和工业机器三大综合事业本部，由三位副社长（副总经理）领导。这样就加强了对三大类产品的销售业务的统一领导，促进了各事业部之间的协作。1977 年，山下俊彦担任松下总经理后提出了不少设想，在事业部机构设置上逐渐按产品类别加以集中，把若干事业部组织起来，形成在该领域的平台公司——松下超级事业部制初具雏形。

进入 21 世纪后，世界级的巨型企业都面临着“大象难跳舞”的困局，做“+ /–”法、技术创新和组织变革成为大型公司共同的战略性课题。传统的以产品为中心的事业部制也受到新的挑战，例如，松下空调事业部、空调压缩机事业部、冰箱事业部、冰箱压缩机事业部、马达事业部等，这些分散的事业部既具有独立性，又具有很强的相关性，如何整合才能有效适应市场、实现整体效率最优？

松下的超级事业部制结构

在传统的事业部制时代，空调事业部有自己的销/研/产系统，冰箱事业部也有自己的销/研/产系统，空调压缩机事业部还有自己的销/研/产系统……现在的客户，配套采购的特征越来越明显，客户希望在一个销售平台上购买到所有的家用电器，这不但对客户来说是采购效率最高的，对企业来说也是销售效率最高的。因此，组织就要根据这种需求进行再造，以实现经营效率最大化。

松下的平台公司应运而生：将为数众多的事业部根据整体解决方案的需要整合成若干个平台公司（分公司），由平台公司对接市场、统筹内部——这种由多个平台公司组成的大企业，就是真正的集团公司。

这里所说的集团公司，并不是人们一般理解的由两家以上的公司组成的、就挂一个集团牌子的组织，集团化组织的出现有其市场原因和本质特征：在物质相对匮乏的传统市场，企业经营是以产品为中心、以推销为手段的，事业部以职能化组织来运作、总公司负责战略决策；随着物质相对过剩，个性化需求、一体化采购成为市场特征，企业经营转向以客户为中心、以需求为导向、以整体解决方案为手段，各个独立的事业部无法实现整体解决方案的集成，因此需要将各个关联的事业部整合成一个分公司，由分公司进行集中管理和整体协调。

集团化组织也称为超级事业部制，是在M型结构的基础上建立的，目的是对多个事业部进行相对集中管理，即分成几个“大组”，便于协调和控制（见图5.11）。也就是说，几个相关的事业部构成一个分公司，几个相关的分公司（相当于大事业部）构成集团，这就是超级事业部。

松下的超级事业部制

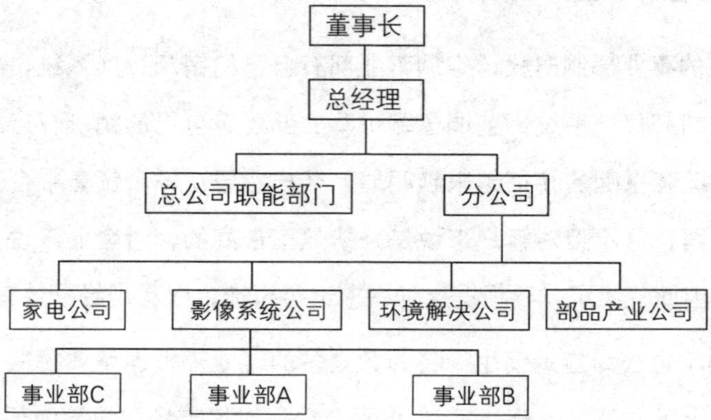

图 5.11 集团化组织又被称为超级事业部制

松下的超级事业部制是在董事长下面设总经理，总经理下面设总公司职能部门和四个分公司（平台公司），分别是家电公司、影像系统公司、环境解决公司和部品产业公司。

松下总公司的职能部门也为数众多，包括三大方阵（见图 5.12）。

松下的组织结构

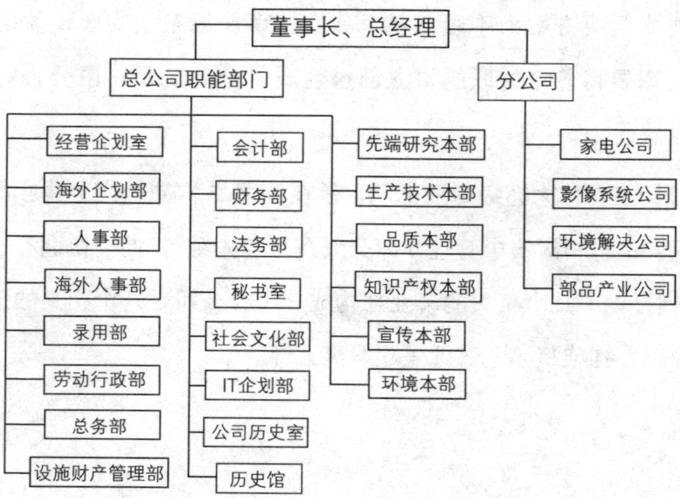

图 5.12 松下超级事业部制组织结构

第一方阵：经营企划室、海外企划部、人事部、海外人事部、录用部、劳动行政部、总务部、设施财产管理部。

第二方阵：会计部、财务部、法务部、秘书室、社会文化部、IT企划部、公司历史室和历史馆。

第三方阵：先端研究本部、生产技术本部、品质本部、知识产权本部、宣传本部和环境本部。

组织设计就是企业资源分配

因为实行职能部门（如财务、人事、技术等）横向和纵向交叉领导的机制，也就是总公司和分公司、事业部都设有相应的职能部门，那么，它们之间怎么分工呢?

以技术部门为例，总公司设有先端研究本部，分公司设有技术研究所，而事业部则设有技术部门，它们之间在时间轴上是有分工的：先端研究本部面向长期进行研究开发——以世界首创为目标，进行未来技术的基础研究；技术研究所面向中期进行研究开发——旨在实现专业利益，进行2～3年内必需的基础研究开发；而事业部技术部门则是做今天（现在）必需的技术开发，也就是负责产品的设计开发。

上述三个层次的技术部门的设置和分工，看起来只是组织设计的上下对接问题，实际上其中含有很大的战略意图，从本质上来说，是企业研究开发资源的合理配置：在基础研究（科学研究）、应用研究（技术商业化研究）和产品开发方面有效配置资源，实现短期、中期和长期的对应，既满足了当前企业“吃饭”的需要，又着眼长远，确保未来“有饭吃”——在技术不断进化的市场竞争中未雨绸缪，做好三代产品规划。

其中，基础研究旨在认识现象，通过认识自然现象、揭示自然规律获取新知识、新原理和新方法；应用研究重在确定基础研究成果的技术用途，针对某一特定的实际目的或目标、为获得新知识而进行创造性研究；产品设计则是将某种目的或需要转换为一个具体的物理或工具的过程。

超级事业部制中的事业部设计

处于超级事业部制中的事业部，授权事业部长自主责任经营，下设经营企划部、技术开发部、品质保证部、制造部、采购部、国内营业部、服务部、海外部、总务部、人事部和产品审查室，这些部门都有其核心职能。

经营企划部负责经营战略、事业计划和产品企划等；技术开发部负责产品设计、技术要素开发和专利管理等；品质保证部则负责品质管理、品质保证、不良解析和规格管理。

制造部负责生产管理、产品生产和生产技术开发等；采购部负责采购开发、采购维护和降低原材料成本等。

国内营业部负责销售、订单管理（商务）、物流配送和货款回收等；服务部负责售后服务、客户对应和服务配件管理等；海外部则负责海外销售、海外投资战略和海外公司支援等。

总务部负责能源管理、地方政府关系和社区贡献等；人事部负责人才培养、工资和福利待遇、安全管理和劳动关系等。

产品审查室负责从消费者的立场评价产品和产品出货认定等。

松下事业部经营的推进方法

松下的事业部经营是以年度事业计划为基准、每月做进度管理来进行的。日本企业采用的事业年度是每年的 4 月至次年的 3 月，新的事业年度开启之前，事业部需要花两个月时间制订年度事业计划，通过自上而下、自下而上的多次研讨、整合后，以事业计划检讨会的形式形成初步方案，由事业部长带着核心干部（特别是财务人员）向分公司的总会计进行汇报，取得承认。

取得认可的年度经营计划以月为单位进行进度管理：每月初（不是中旬，而是上旬）召开经营会议进行月度结算，每月定期召开产销会议、产品企划会议、原价会议（降成本会议）和品质保证会议等，另外，事业部长每周会组织部门责任人联络会，进行自由的、无指责的咖啡恳谈。

各部门一体化推进产品开发

推出强有力的产品是事业部长最重要的工作，也是创造事业部绩效的唯一途径。松下的事业部制在运作过程中，以事业部长为中心，销/研/产三大职能部门及其他支持职能部门一体化运作，一体化推进产品开发。

为此，日本松下公司建立了一套非常完整有效的产品开发机制，他们基于对产品制造的整体理解，从战略会议到产品企划会议、设计评审、成本控制、品质保证到出货确认，真正将“营销就是经营”落到了实处。

21世纪的挑战：激活个体活力，创造组织活力

21世纪已经进入互联网时代，全球化、互联互通和普世价值观使得个体（员工、客户和股东等）与组织（企业、政府等）之间的关系定位发生了根本性变化，这给组织管理带来了巨大挑战，接受这种挑战、推动组织变革，找到适应新时期、新常态的组织运作方式，是企业可持续经营绕不开的课题。

如今，员工与组织不再是传统管理当中的简单服从关系，而是与组织相容共生的关系；企业从以产品为中心的供需模式转向以客户为中心的服务模式，企业经营由目标管理、内部控制为主转变为以外部导向、需求满足为重；与变化共舞至为关键，企业务必打破内部边界和外部边界，实现内部一体化，并迅速融入外部环境——这个时代，对企业的一体化运营水平提出了非常高的要求。因此，陈春花教授说：只有水样组织才能适应这个时代的需要。

这个时代，组织管理面临的最重要课题，就是激发每位员工的活力、让员

工在组织中创造个体价值——在这个藐视权威、个体为尊的时代，员工个体价值的崛起要求组织管理必须充分考虑员工的内心需求、实现价值共享——组织管理如何开放地接纳员工、让员工在实现个体价值的同时创造组织价值，这是新时期组织管理需要认真思考的课题。

★卓越实践 22 日本松下的“商店经营”

松下创立的事业部制是一种充满启示的经营模式，京瓷的创始人稻盛和夫吸收松下幸之助自主责任经营的思想，创立了“阿米巴经营”模式，其原型就是松下事业部制中的“商店经营”。

“商店经营”：用金额判断部门经营贡献

松下事业部制是自主责任经营的象征，要彻底实践自主责任经营，需要全体员工发挥主动性和创造性，这就需要到事业部的经营现场，找到适用于自主责任经营的实施方法。

松下最终确定的方法是：用金额判断各个部门的贡献价值，使员工形成自发性工作和经营的意识。也就是说：把所有部门都当作独立的公司，其输入和输出按照金额价值来表示和评价。用利润的高低来评价部门的经营业绩——这就是松下的“商店经营”。

为什么叫“商店经营”？因为在那个时代，最普遍的商业形态就是小商店。小商店的进货、售货，收、支、利润的计算都相对简单。松下认为，将各个部门比作商店，可以加深员工对公司内部一个个小的经营单元的理解。

松下规定，经手产品的部门，用进货和销售来管理利润；不经手产品的部门，则按提供服务的价值进行评价。

不论是松下的“商店经营”，还是京瓷的“阿米巴经营”，指的都是微型公司经营的意思，其本质就是把企业的每一个细微单元当作组织的活力细胞（事业单元，经营单元），将市场竞争压力传递到内部，激发每一个经营单元的创造性，提高价值能力，最终实现企业整体经营业绩的提升。

划分“商店经营”的单位

在京瓷的“阿米巴经营”中，“阿米巴”是企业能分解的最小经营单位，这个最小经营单位有时是单个员工，有时是两三人构成的小组。而松下的“商店经营”则以科（车间）或者系（班组）为单位，考虑到管理成本和管理的有效性，松下认为细分到一定程度就可以了，不建议细分到员工。

按照松下“商店经营”的思想，每一个“商店经营”的单位都可以视为一个微型公司，比如：销售部门相当于贸易公司；制造部门相当于制造公司，其中的生产管理部门相当于生产系统管理公司（服务型企业），车间相当于工厂，设备维护部门相当于生产设备服务公司；技术部门相当于产品设计开发公司；财务部门相当于会计师事务所或金融服务公司；人力资源部门相当于培训公司、人力资源外包服务公司；企业管理部门相当于管理咨询公司；采购部门相当于原材料贸易公司；IT部门相当于IT系统服务公司，等等。

用“商店经营”实践现场自主责任经营的要点

松下在内部推行“商店经营”时非常重视以下要点：

· 将“现场经营”的理念和宗旨彻底贯彻到每一位员工。

· 有效确定能够实现全员参与的经营单位（“商店”单位，京瓷叫“阿米巴”）。

· 明确现场的基本使命，即每一个“商店”单位要从本质上定义本单位的使命。

· 将企业的经营课题分解落实到各现场（“商店”）的具体改善项目上。

· 制定现场“商店单位”之间的内部交易规定。

· 在公司层面决定内部利率。

· 明确固定费的分摊基准。

· 对于间接部门的工作给予妥当的预算。

· 每月彻底公布收、支、利润。

合理制定内部交易规定

实施自主责任经营的“商店经营”，制定合理的内部交易方案至关重要，方案定得好，会提高企业面向市场的竞争力；方案定得不好，则会抬高内部交易成本，这样不仅浪费管理成本，还会挫伤员工的积极性。

松下“商店经营”采用的基本方法如下：

确立工作关系。以订单的执行流程为中心，松下按照前后位置关系来建立内部的交易关系：提供工作成果的一方是供应商，接受工作成果的一方就是客户。例如：销售部从制造部进货，制造部就是供应商，销售部则是客户；制造部从采购部购买原材料和零部件，制造部又变成了客户，采购部则成为供应商；制造部内部也是按照前工序提供给后工序，后工序就是前工序的客户这种关系来进行生产实践。

与产品直接有关的工作关系容易确定，支持系统的工作关系则以订单执行流程为中心，要考虑本“商店”提供的服务价值。例如：人力资源部门向各部门提供培训、薪酬计算、劳动关系维护等服务，这些服务在外部都能找到相应的服务公司，因而其价值是可以打通到外部、进行横向比较的。

确定内部交易价格。能够确定价格的，规定内部交易价格；无法定价的，参考外部价格来确定内部交易的服务费标准。

销售价 = 购入价格 + 附加价值 + 经费

在上述标准中，附加价值和经费这两项不是按照原价，即实际发生的费用来计算，而是需要通过推测外部竞争对手的费用而制定出合理的交易价格。也就是说，内部交易价格不是简单地在各“商店”（部门）之间讨价还价，而是要面向外部市场环境定出合理价格。

如果按照合理的内部交易价格计算出某个“商店”亏损，说明这个部门的赢利能力差，需要进行经营方面的改善，这是本单位“商店经营”要努力解决的问题。

工作观教育：从工作迈向经营的意识培养

松下幸之助认为：漫不经心地做着每天该做的事情，不能理解自己的工作应以怎样的流程进行、对客户和公司有什么益处，是不能称之为“工作”的。

工作是什么？工作是对人有益的事情。因此，“被给予的工作”和“工作”是不同的。

松下利用事业部制和“商店经营”模式，使每位员工通过各自的岗位参与到企业经营中，激发了员工和组织的活力。从某种意义上说，事业部制及其“商店经营”模式是后来的“阿米巴经营”的雏形。

事业部制是 20 世纪最具时代意义的组织形式，虽然这种组织形式在 21 世纪面临诸多挑战，其弹性授权经营、短期和长期相平衡，以及激发组织活力和员工活力等特色，仍然具有极大的指导和参考意义。

后记

水样组织，一体化运营

帮朋友救场的一堂关于企业物流管理实务的课程，直接导致了一个中国新锐咨询机构的诞生。

从 2001 年 4 月 8 日第一次正式向客户提交项目方案至今，零牌顾问机构创立已有 16 个年头。回顾这 16 年的发展历程，零牌顾问机构经历了组建工作室、知识产品开发、成立公司、品牌再造和全面业务拓展等多个阶段，16 年来，品牌建设一直贯穿其中。

2005 年 9 月，作为零牌顾问机构的创始人，初露锋芒的我进入华南理工大学工商管理学院兼职任教，主讲“生产运营管理”；2009 年 5 月，我又被聘为中山大学高等继续教育学院的兼职教授，主讲“组织行为学”。5 年高校工商管理方面的教学历练，极大地拉动了零牌顾问机构的理论体系建设。从 2010 年开始，零牌顾问机构的专家团队已经常态化地站在华南理工大学和中山大学的讲台上为中国的产业发展服务。

如今，零牌顾问机构已成为国内享有一定知名度的培训咨询机构，成为中国管理咨询行业独具特色的顾问公司。我们聚焦企业的一体化运营研究：咨询业务通过项目来拉动企业变革，培训课程帮助企业补充微量元素，全球跨界学习激发企业创新灵感、助力企业突破发展瓶颈，零牌木元塾则为中国培养具有国际化视野和经营能力的新锐企业家。

16 年以来，零牌顾问机构原创性地开发和建设了拥有自主知识产权的知识库，包括技术地图库、课程提纲库、讲义库、练习库、案例库、音像案例库、项目案例库、调查问卷库、试题库、原创文章库、管理书系和音像课程库等。

零牌知识库是零牌专家团队与全球前沿思想和中国本土实践一体化互动的结晶，其开发过程逐步形成了零牌顾问机构的技术创新特色。16 年以来，零牌顾问机构从以现场为中心的精益生产逐步拓展到人力资源、销/研/产一体化；从接受华南理工大学工商管理学院关于先进制造技术（AMT）和先进制造业（AMI）的研究，逐步拓展到组织变革、企业顶层设计、世界级制造（WCM）和工业 4.0 等领域。

不论研究领域如何演变，零牌顾问机构始终以一体化运营为内核，从营销、研发和生产一体化，到战略、流程和组织一体化，再到理念层、战略层和运营层一体化。

16年以来，零牌顾问机构与时俱进，取得了一系列理论创新成果。水样组织、一体化运营、跨界工作机制、人才盘点、降成本作战大地图……这些读来新鲜的工商管理词汇并非浮云，而是切实指导零牌顾问机构推动企业组织蜕变、强化国际竞争力、构建组织DNA的理论武器。

正是因为有理论体系的创新支持，零牌顾问机构才能在市场竞争中独树一帜：业务领域不断扩大，从培训、咨询、全球跨界学习到经营塾（零牌木元塾）和全球资源（帮助中国企业聘请海外专家）；客户群体不断扩大，从五百强外资企业、民营企业、上市公司到创业型企业；客户生命周期持续创新高，从2013年开始，业务常年处于饱和状态；零牌课堂也从中国拓展到了日本、美国和德国。

为了更好地助力中国企业产业报国，零牌顾问机构的知识产品从课程、辅导拓展到管理书籍、音像课程，与客户的互动方式也从单一的课堂和现场，增加了网站、微信、QQ、电话和邮件等。

从2005年起，零牌顾问机构与广东经济出版社合作，陆续推出了零牌管理丛书；从2011年起，应台湾咨询培训界前辈林荣瑞先生之约，零牌顾问机构的若干本专著纳入厦门大学福友现代实用企管书系；2013年，应北京中智信达之约，零牌顾问机构在中华工商联合出版社出版了《中国制造的世界级战略》一书。零牌管理书籍的出版发行受到广大企业界读者的好评，图书陆续再版。

早在 2003 年，我就有一个愿望：有朝一日在一家出版社全面出版“零牌管理书系”。随着零牌顾问机构的发展，这个愿望也日益强烈。2013 年，当零牌技术地图库达到 100 张地图时，我的脑海中突然涌现出版《零牌技术地图集》的灵感和冲动，那时我突然觉得，零牌管理书系也该破壳而出了。

2014 年 12 月 31 日，零牌顾问机构在福建下洋客家围屋召开年会，北京华夏智库文化传播有限公司的王欣老师给我打来电话，我们毅然决定：2015 年，零牌管理书系和零牌木元塾经营书系正式起航。

零牌管理书系和零牌木元塾经营书系是零牌顾问机构和中国企业的共同平台，不但是 16 年来零牌知识体系建设的结晶，而且有零牌的企业客户和优秀学员的经营实践总结。也就是说，零牌管理书系的作者包括零牌专家团队、中国企业家和企业干部。这一定位得到了诸多企业界朋友的热烈响应，很多人都曾经表达过在零牌管理书系这一平台出版专著的愿望。

感怀于 16 年来国内企业界对零牌顾问机构的信任和支持，投身国家产业转型和企业蜕变的时代洪流，零牌顾问机构希望以零牌管理书系和零牌木元塾经营书系作为另一种途径，与中国企业互动，与中国企业家互动，与广大干部员工互动，与企业经营管理实践互动。

在零牌管理书系面世之际，我们衷心感谢 16 年来关心支持零牌顾问机构的广大客户和学员，我们要特别感谢全国知名培训师万宗平老师，华南理工大学许晓霞、谢菠兰老师，中山大学韦小妹、刘正生老师，松下电器（中国）前总裁木元哲导师，北京航空航天大学欧阳桃花教授等。

作为创始人和首席顾问，在这里，我还要特别感谢至今仍奋斗在零牌顾问机构服务一线的创始员工刁爱萍、赵雅君、怀海涛和梁莹老师，特别感谢曾经为零牌发展做出贡献的聂琳、李宏迎、简建民、黄辉强、谢铨、杨彬誉、袁文、陈汉波、宁静和李煜等老师，特别感谢方行国际董事长吴培华老师、日本松下电器安本刚基先生、松下创研大泽仁老师、日本一桥大学中国交流中心志波干雄教授、日本金桥商务社长杨金峰女士和日本万达旅运社长西内路子女士等事业伙伴。

零牌管理书系、零牌木元塾经营书系和零牌书系·大教育系列的孕育和诞生，也得到了中国出版界张晓兰老师、沙林琳老师、刘颖老师、冯巩辛老师的关怀和帮助，在此一并致谢。期待零牌管理书系和零牌木元塾经营书系结合零牌顾问机构的培训、咨询、全球跨界学习、零牌木元塾和全球资源业务，开创零牌团队产业报国的新篇章。

祖 林（零牌顾问机构首席顾问）

参考文献

[1] 王明春. 基于产品竞争的经营模式 [J]. 企业管理，2014 (4).

[2] 但斌. 回归产品本质 [J]. 纺织导报，2014(10).

[3] 怀海涛. 将提升竞争力落到实处 [J]. 零牌木元塾塾刊《元》2015 年 7 月创刊号.

[4] 陈春花. 经营的本质 [M]. 北京：机械工业出版社，2013.

[5] 祖林、怀海涛. 中国制造的世界级战略 [M]. 北京：中华工商联合出版社，2013.

[6] (美) 布莱恩·特雷西著，关小众译. 关键点 [M]. 北京：电子工业出版社，2003.

[7] (美) 菲利普·科特勒著，王永贵、于洪彦、何佳讯、陈荣译. 营销管理 [M]. 上海：格致出版社，2009.

[8] 王涛. 市场营销学 [M]. 北京：高等教育出版社，2014.